ANDATE PIÙ LENTAMENTE

Libri Di Bambini Piccoli | Vol. 1 | Come Disegnare

ActivityCrusades

Pubblicato da Speedy Publishing Canada Limited

ActivityCrusades
activity books

COME DISEGNARE

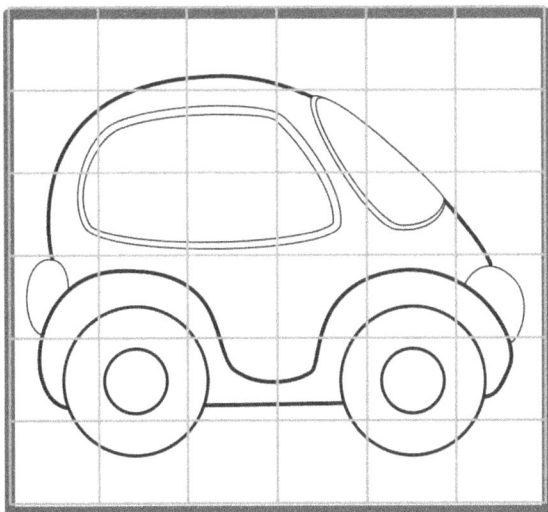

DISEGNAMO!

Disegnare l'immagine con le righe come la tua guida poi colorarlo!

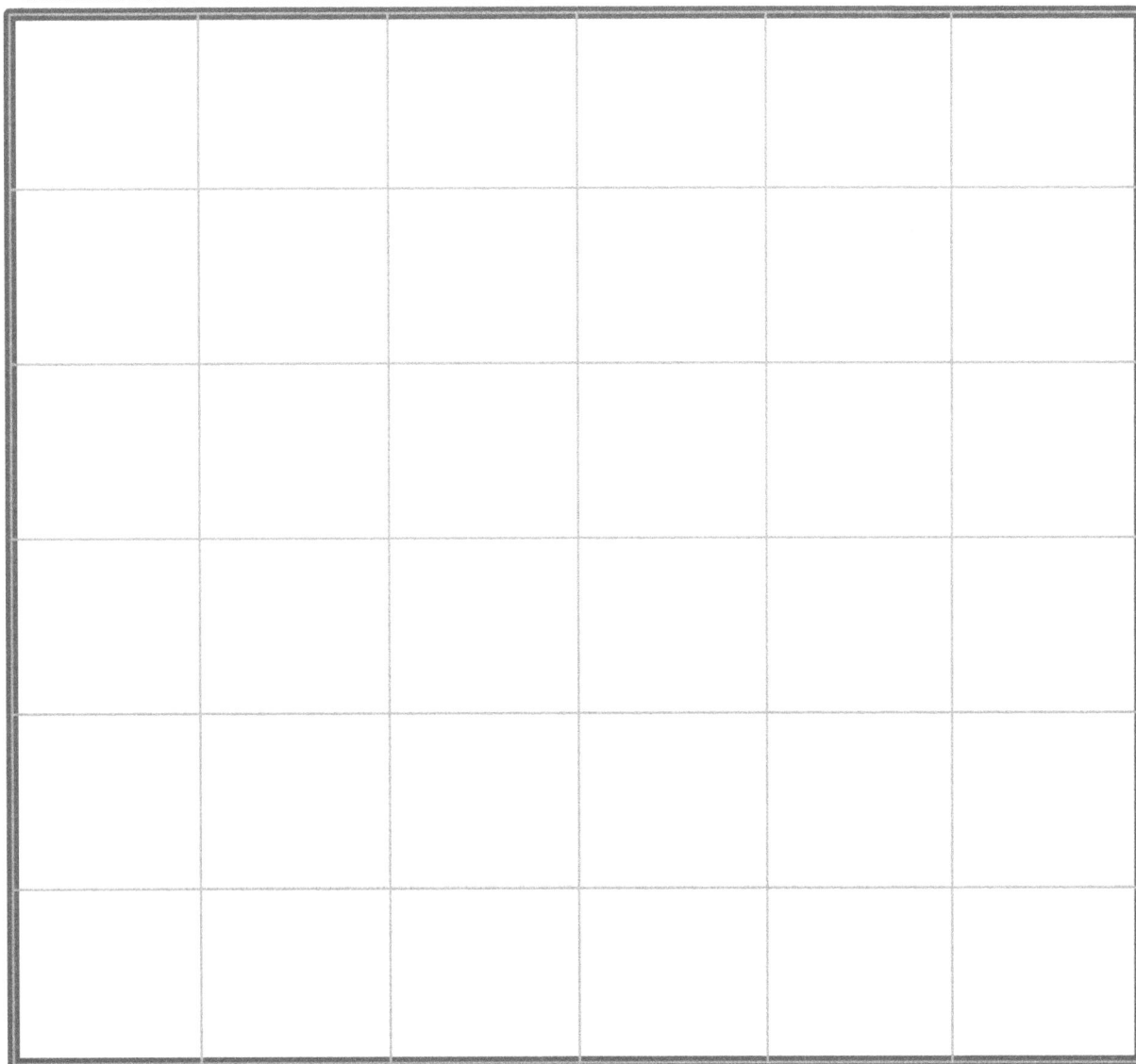

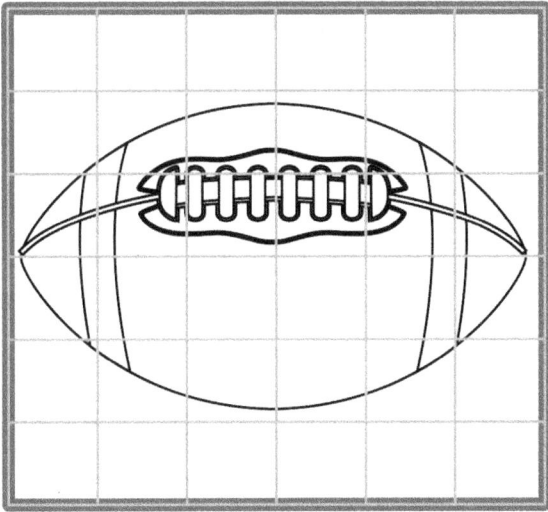

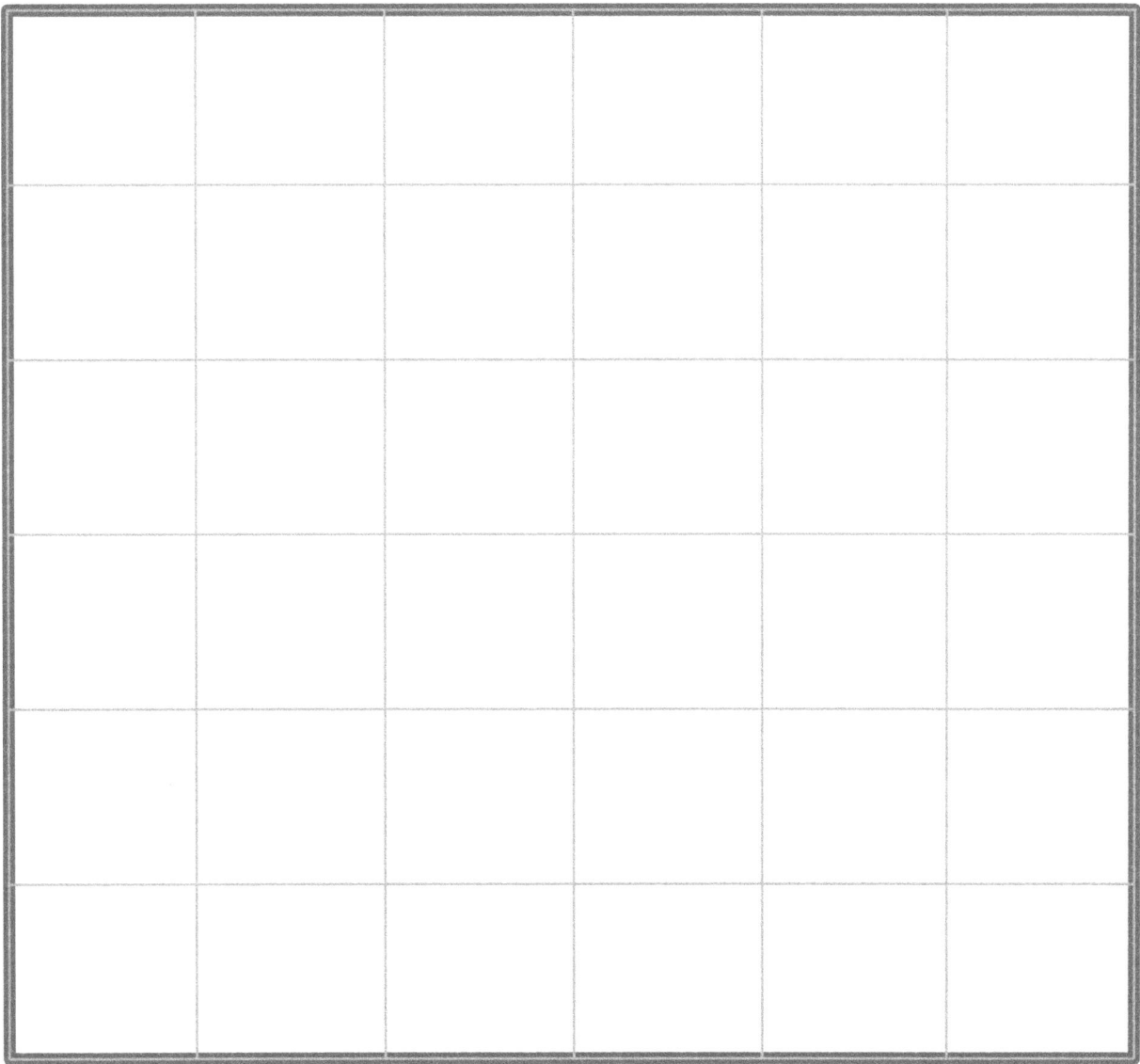

Questo è un sanguinare attraverso pagina se si utilizza un colorante indicatore o una penna!
Trovare altri grandi titoli di ricerca per disegni da _Crociate di attività_ su Il tuo libro preferito rivenditore
Amazon.Ca I Barnes & Noble (BN.Com) | Libri 1 Milione (BAM. Com)

ActivityCrusades
activity books

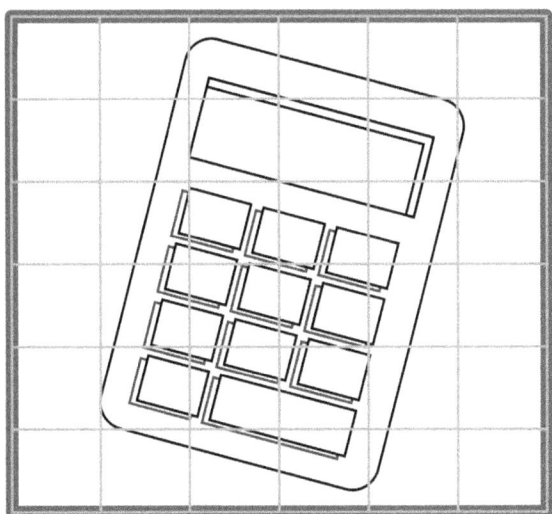

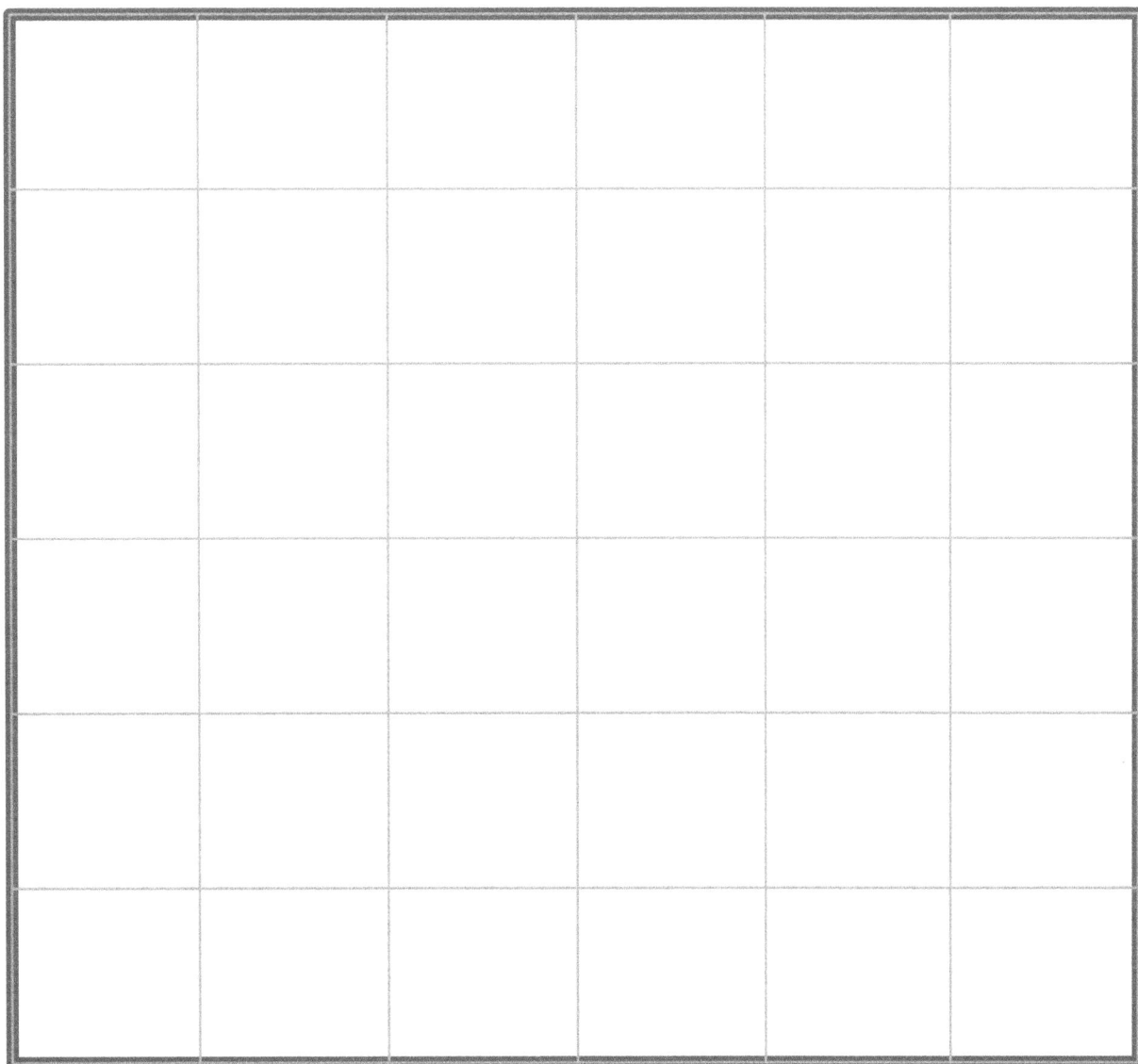

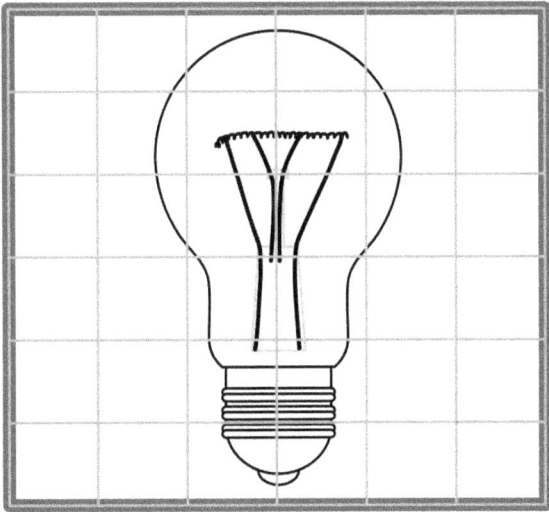

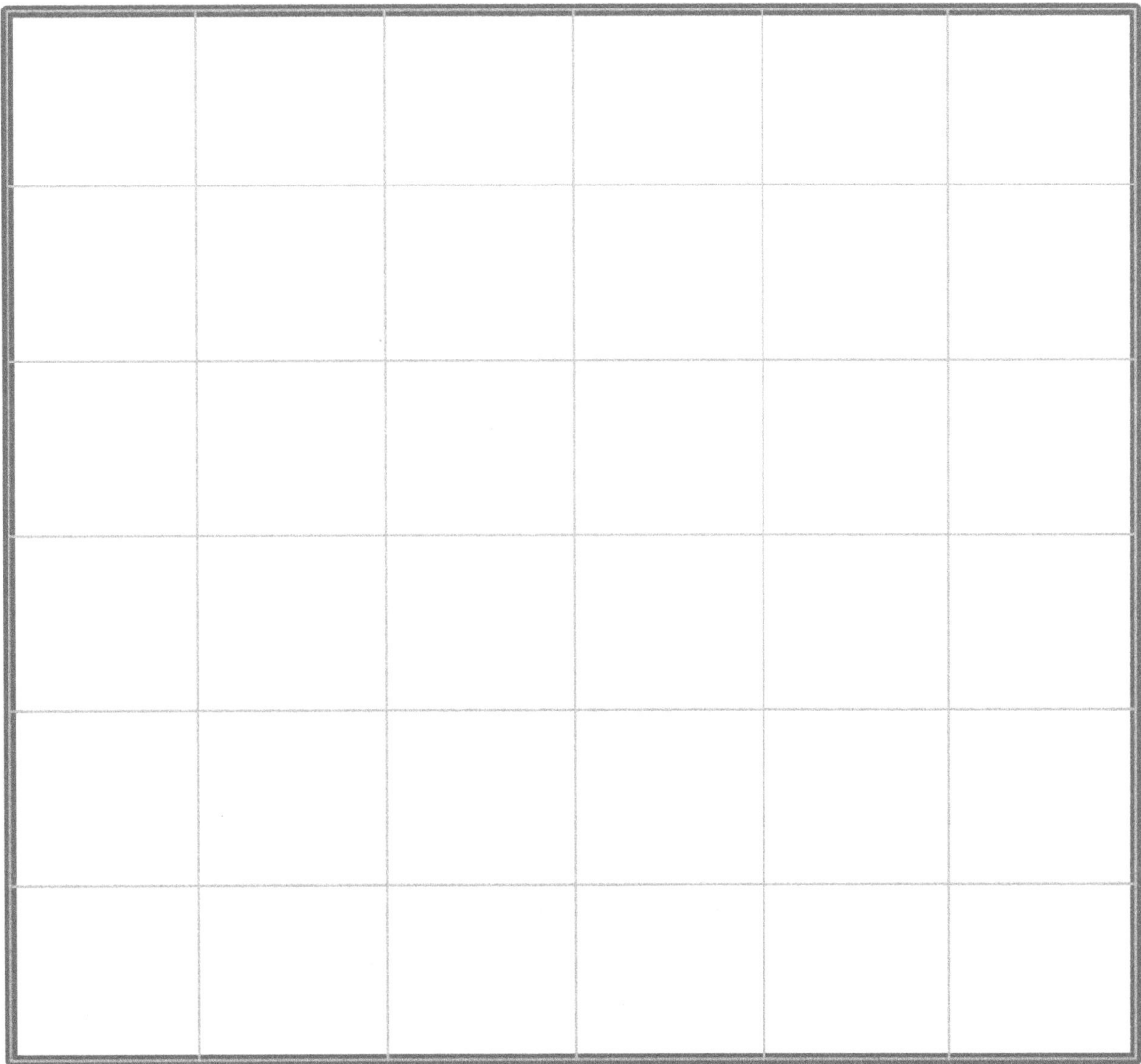

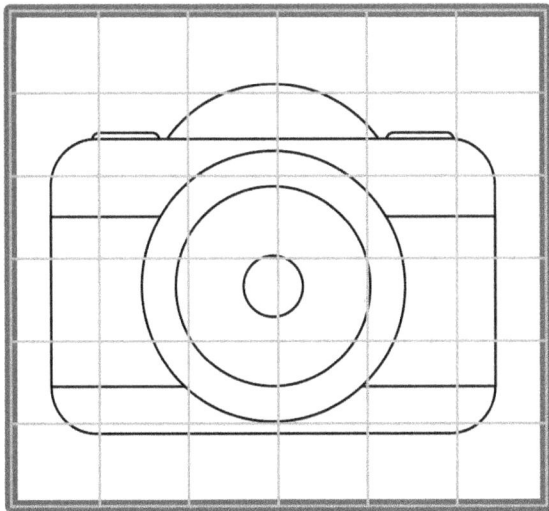

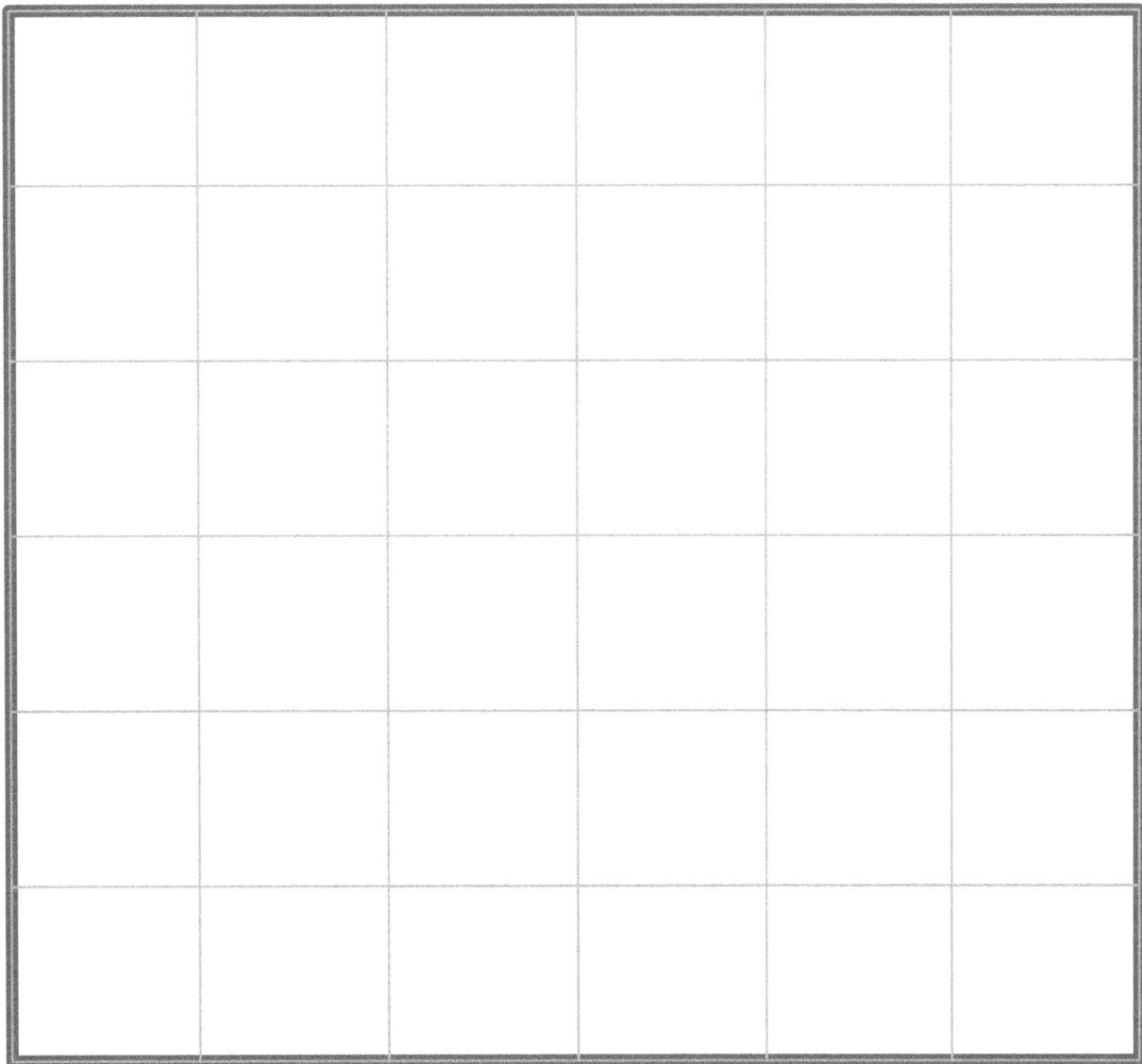

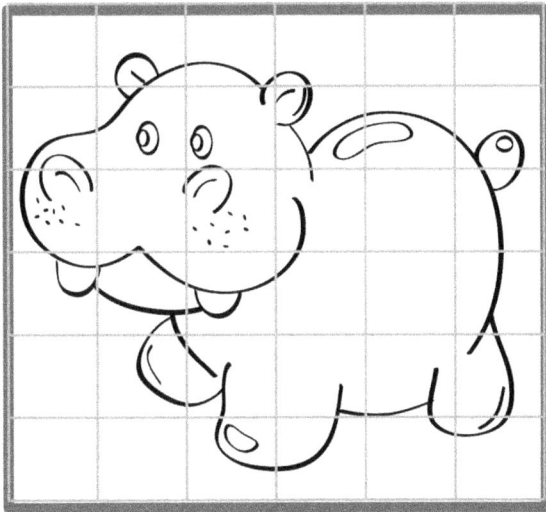

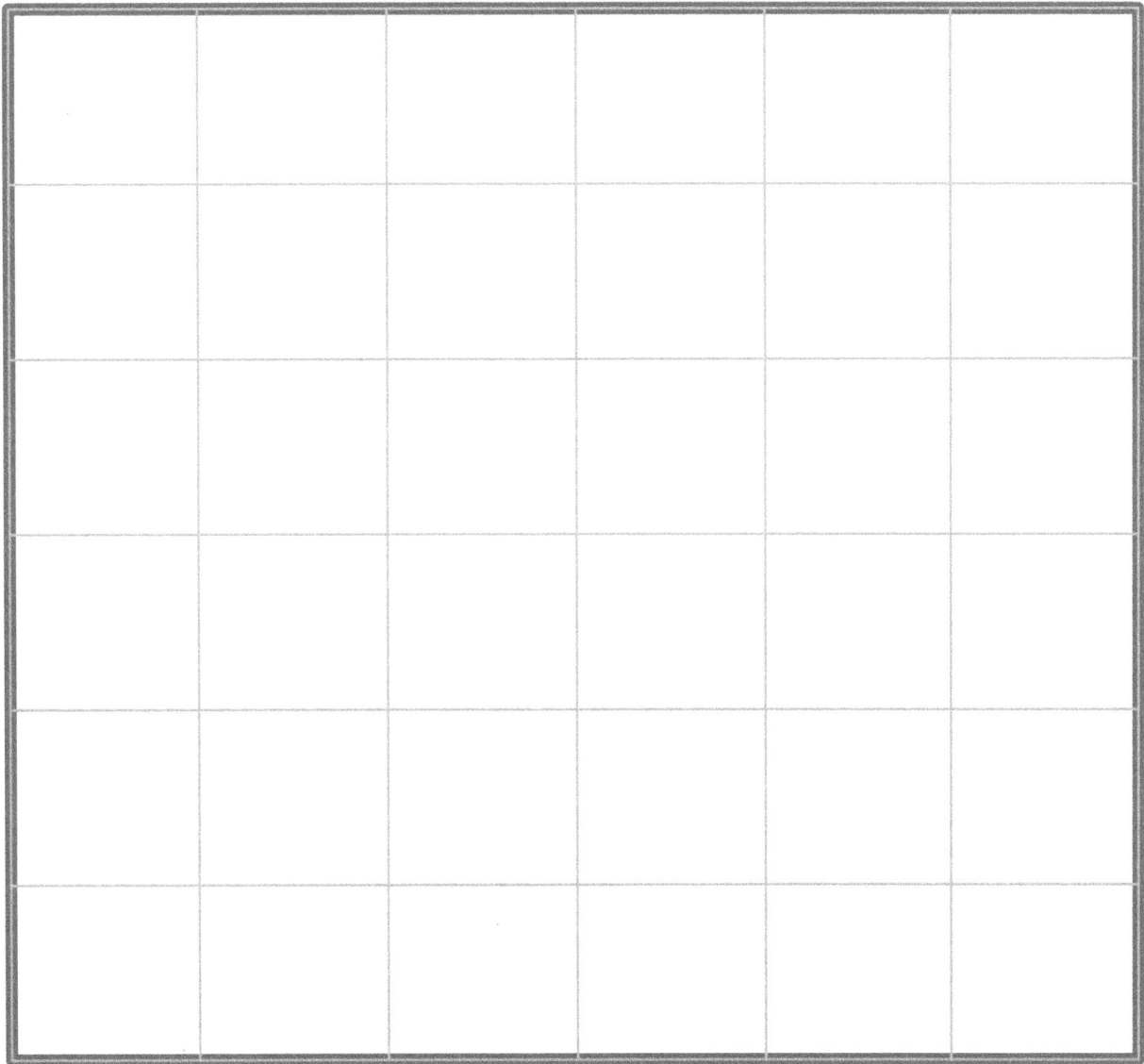

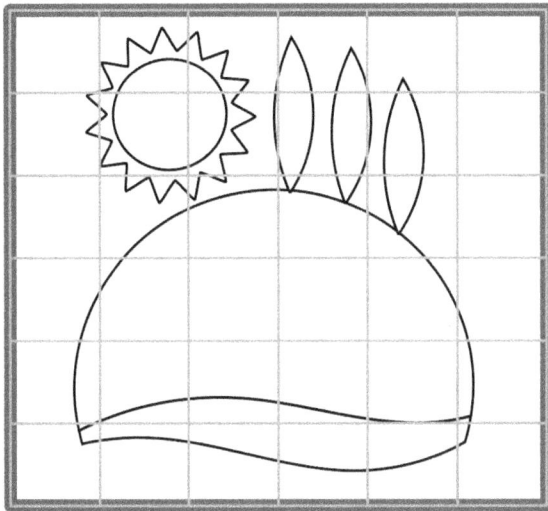

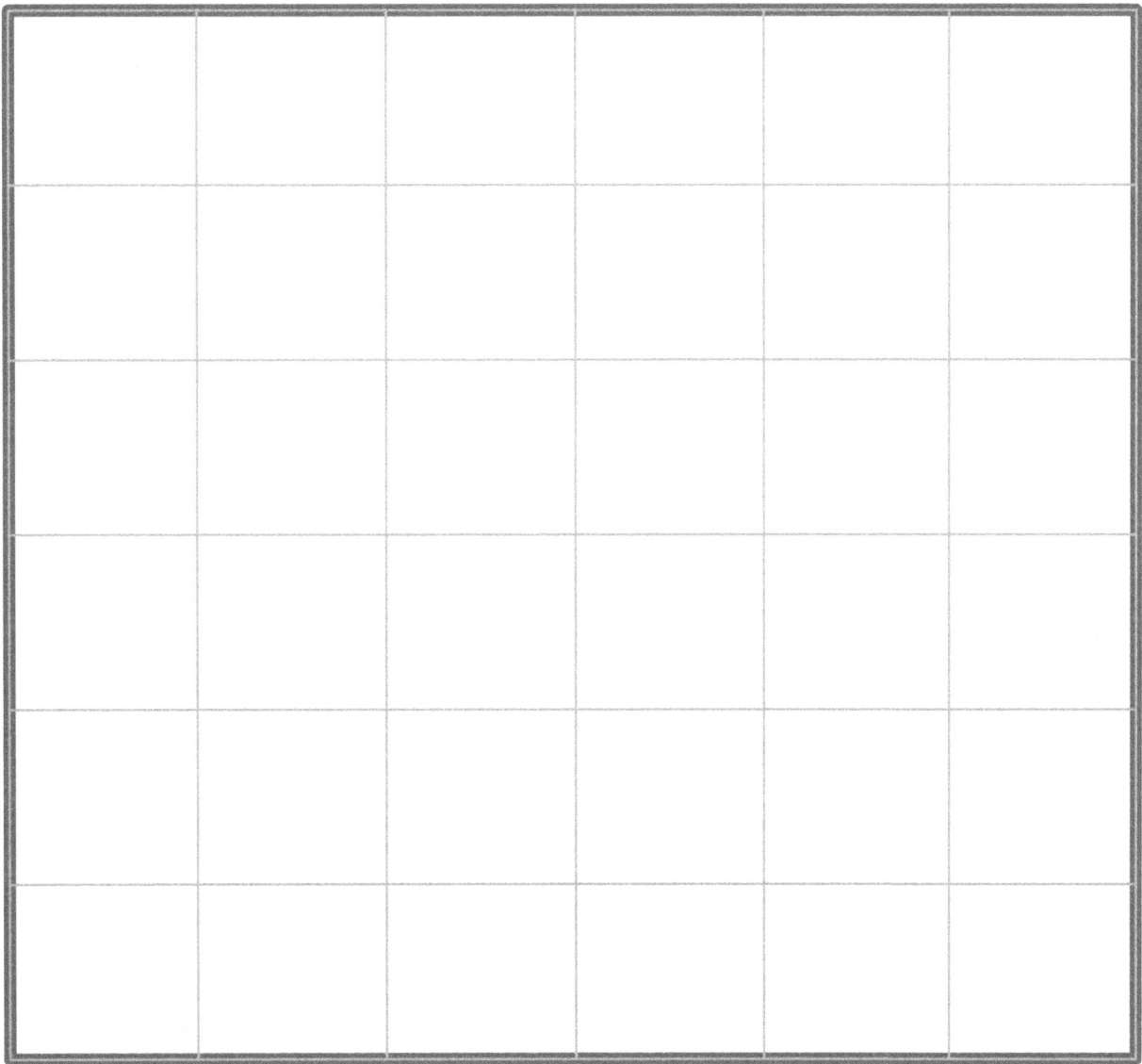

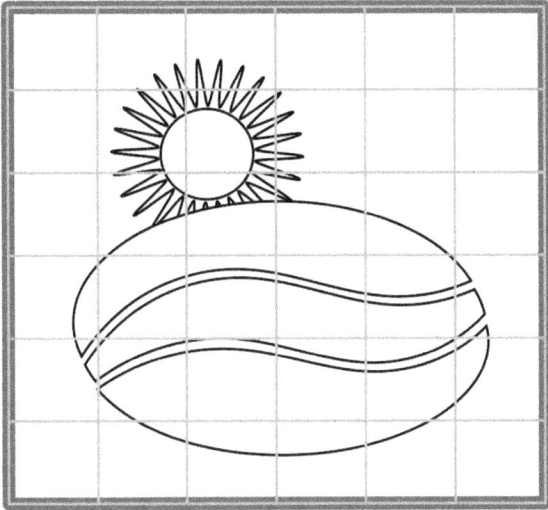

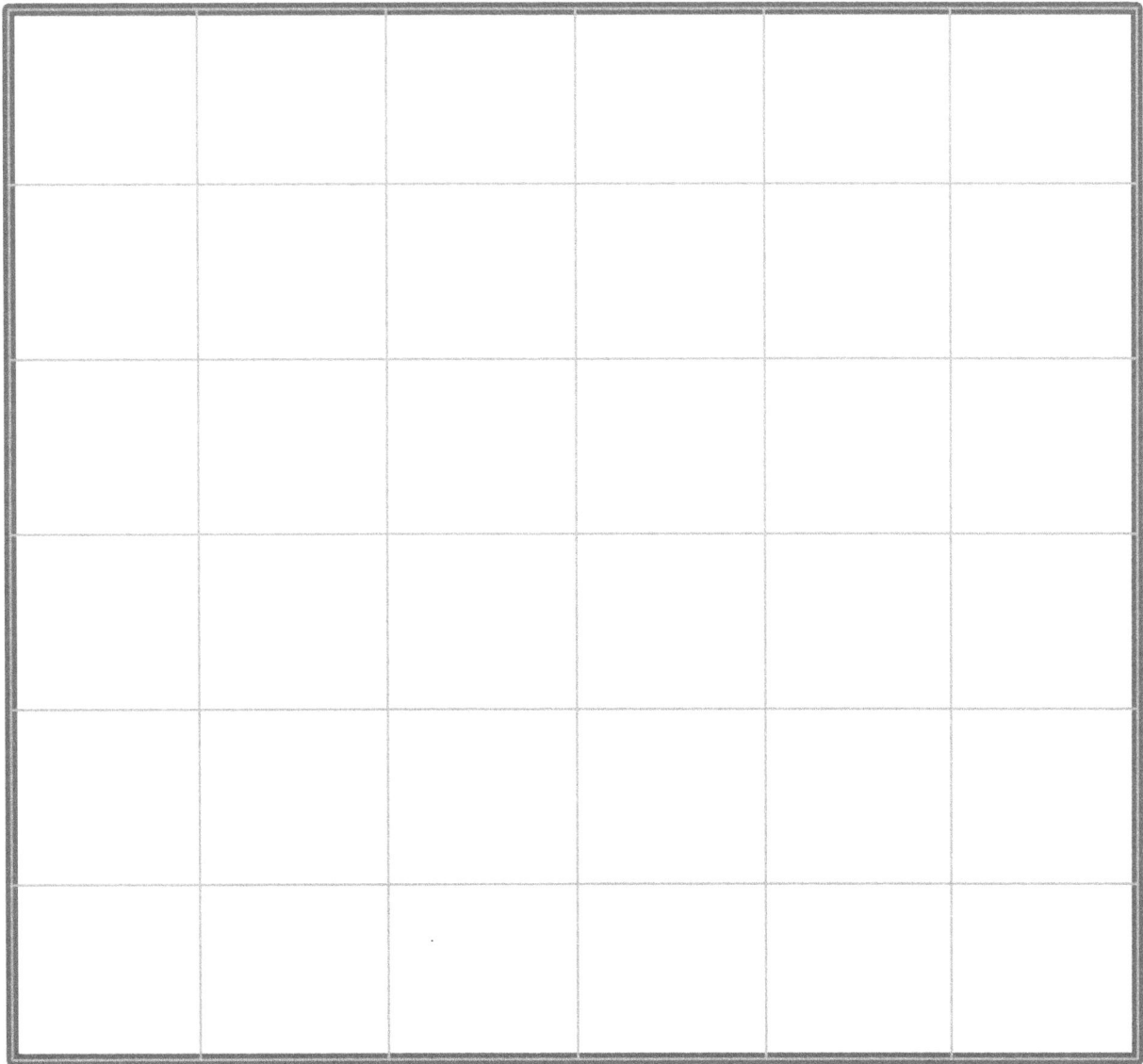

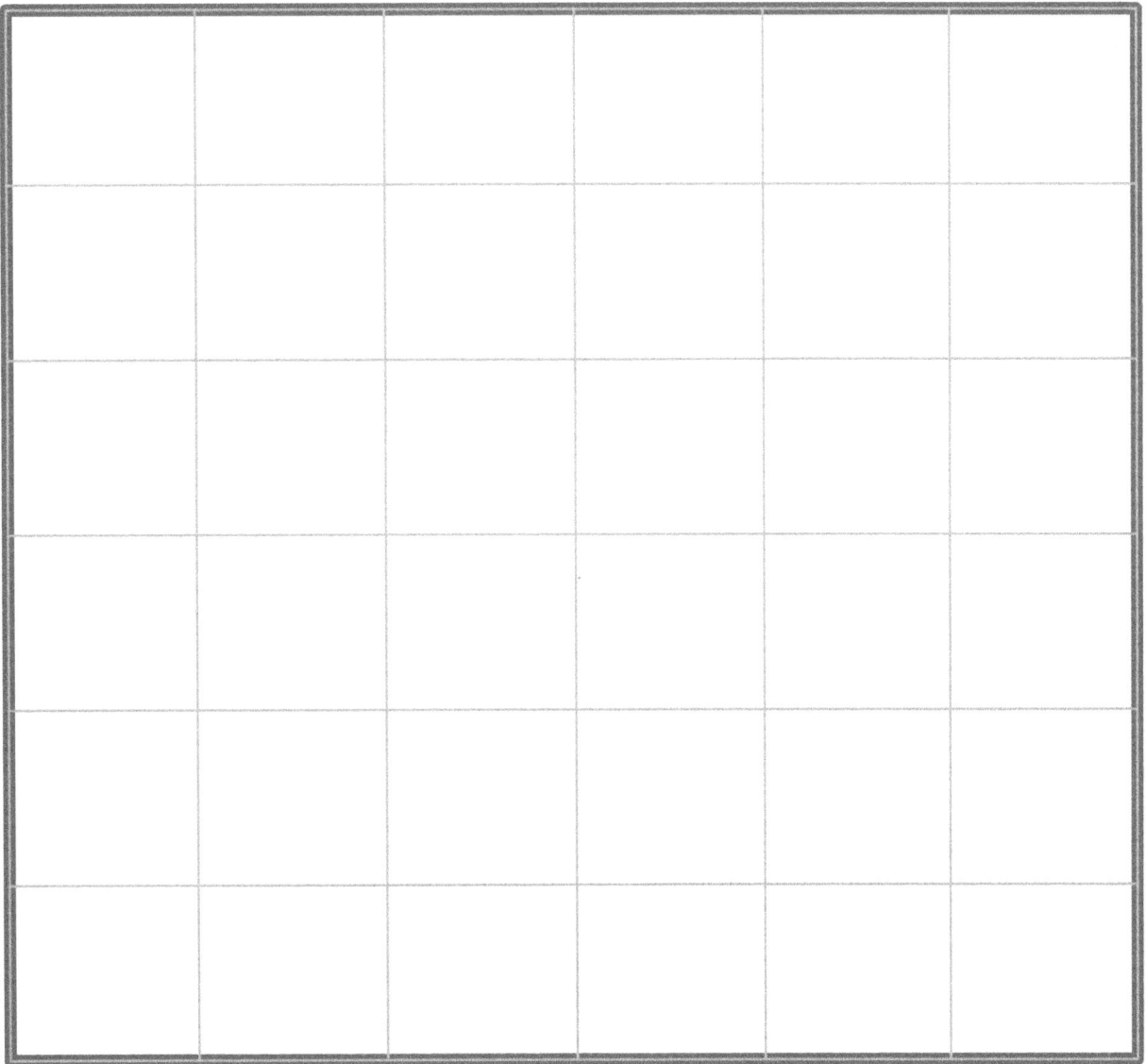

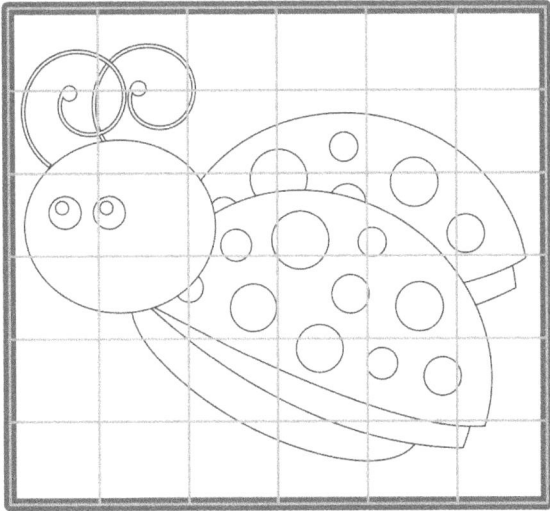

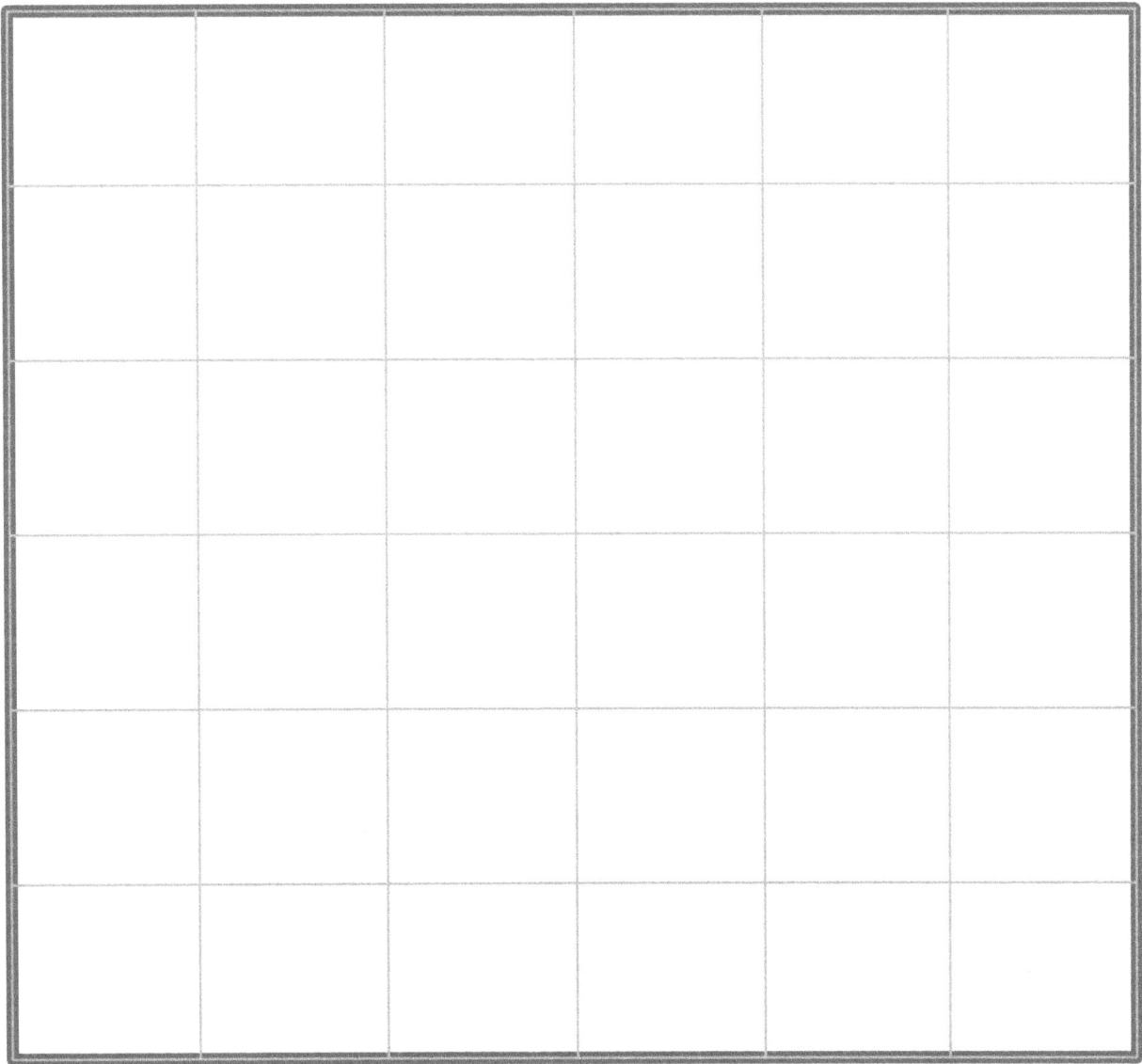

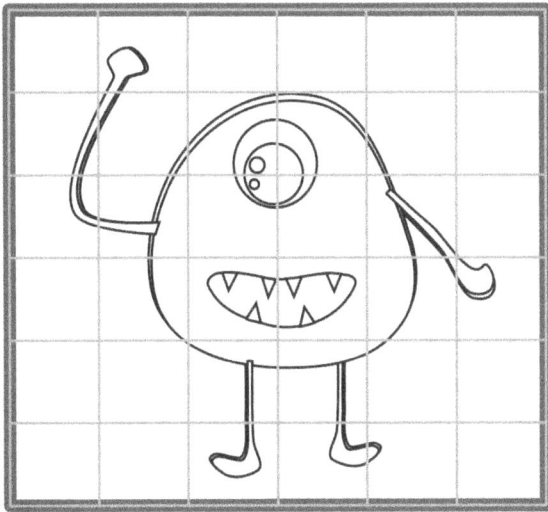

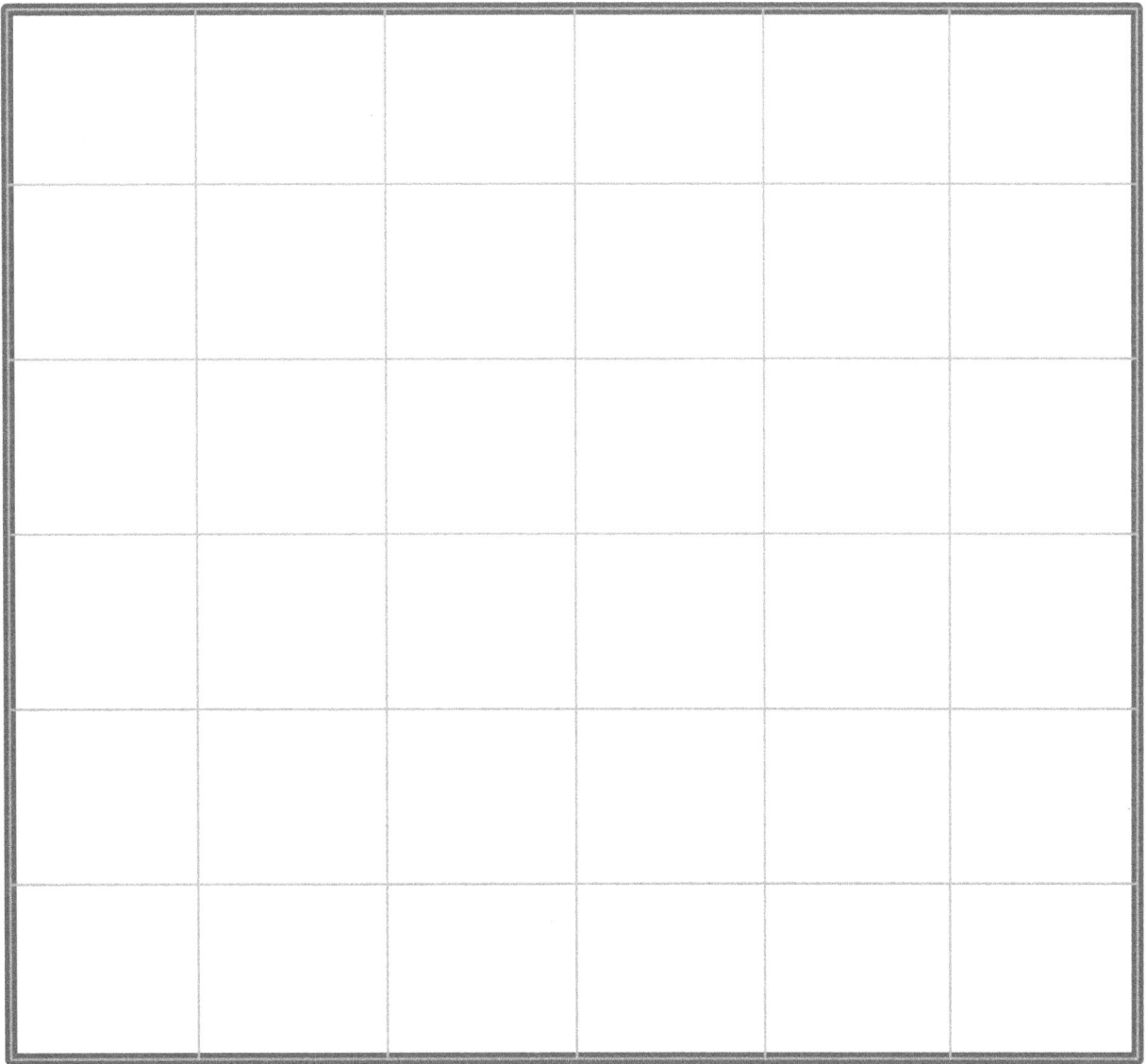

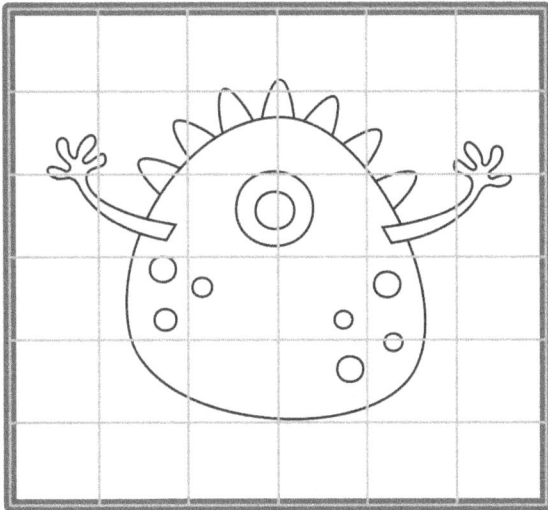

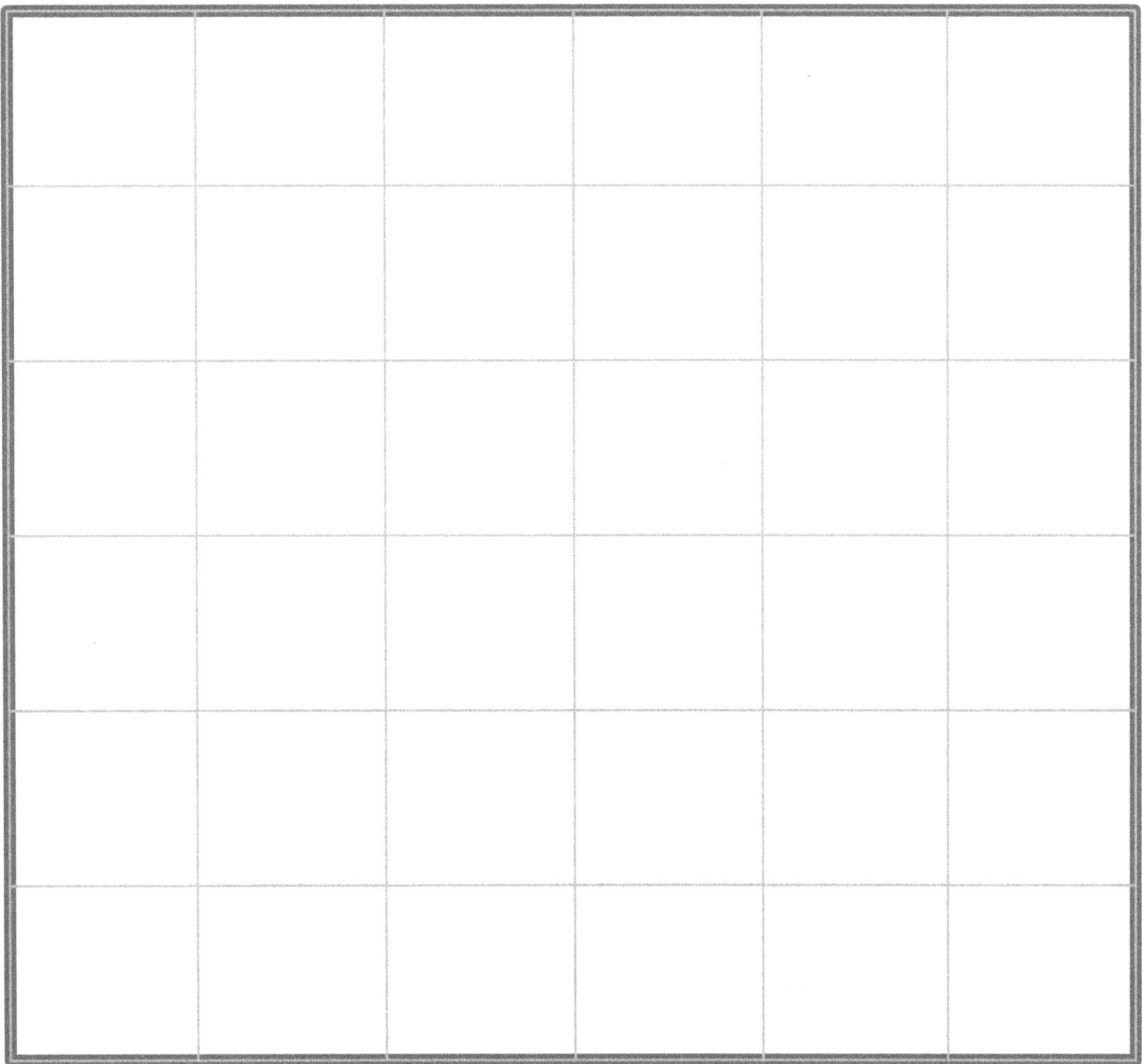

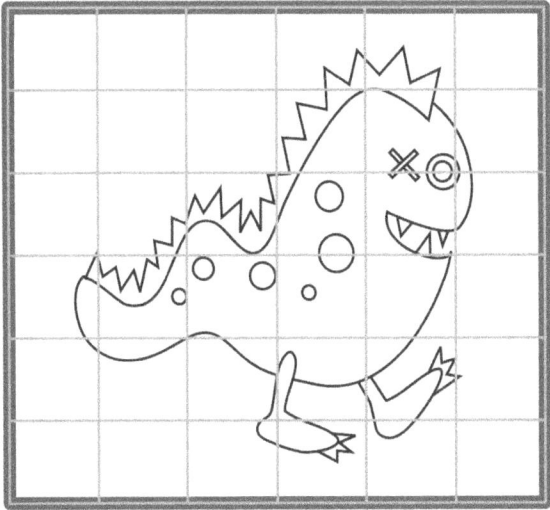

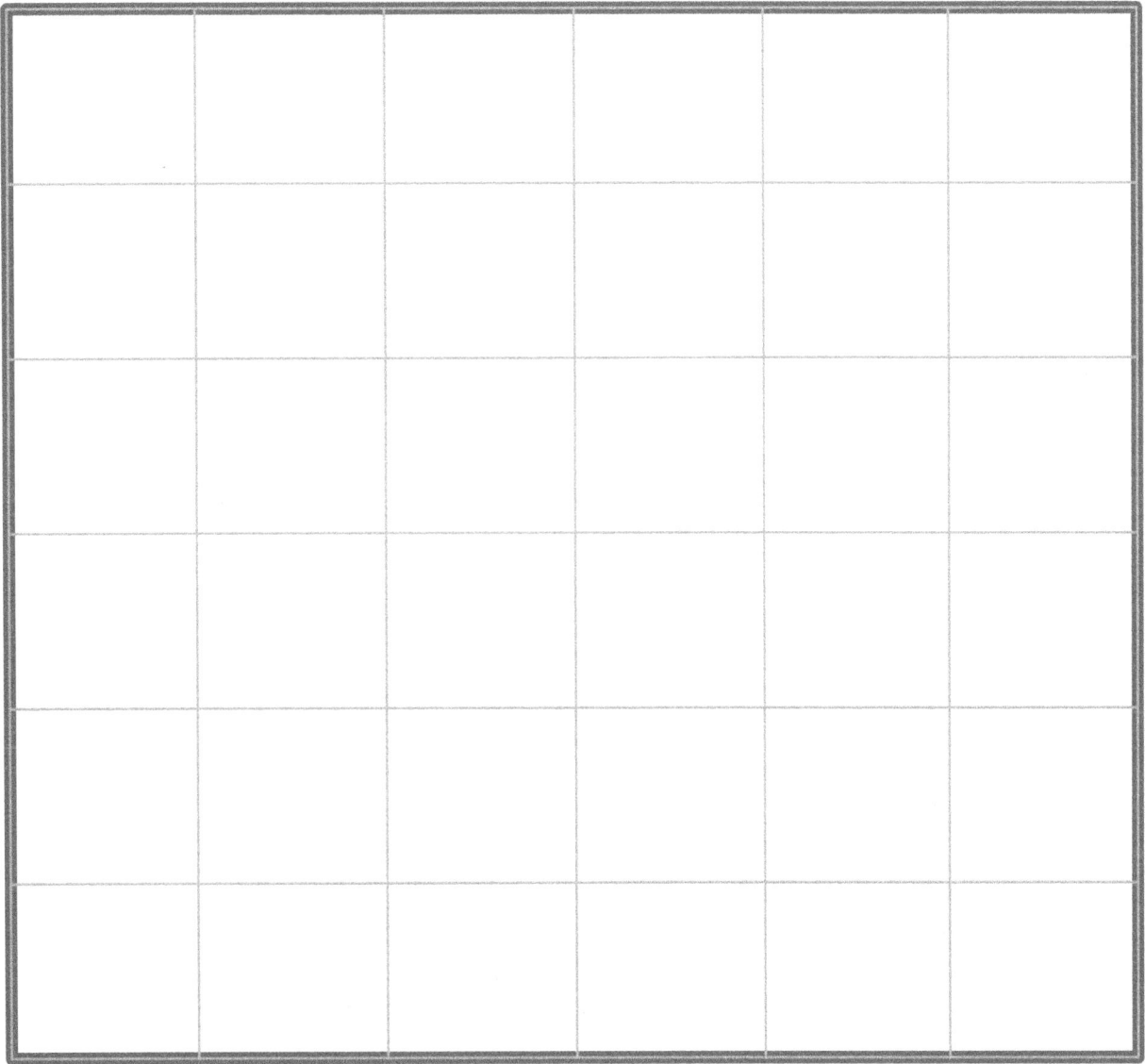

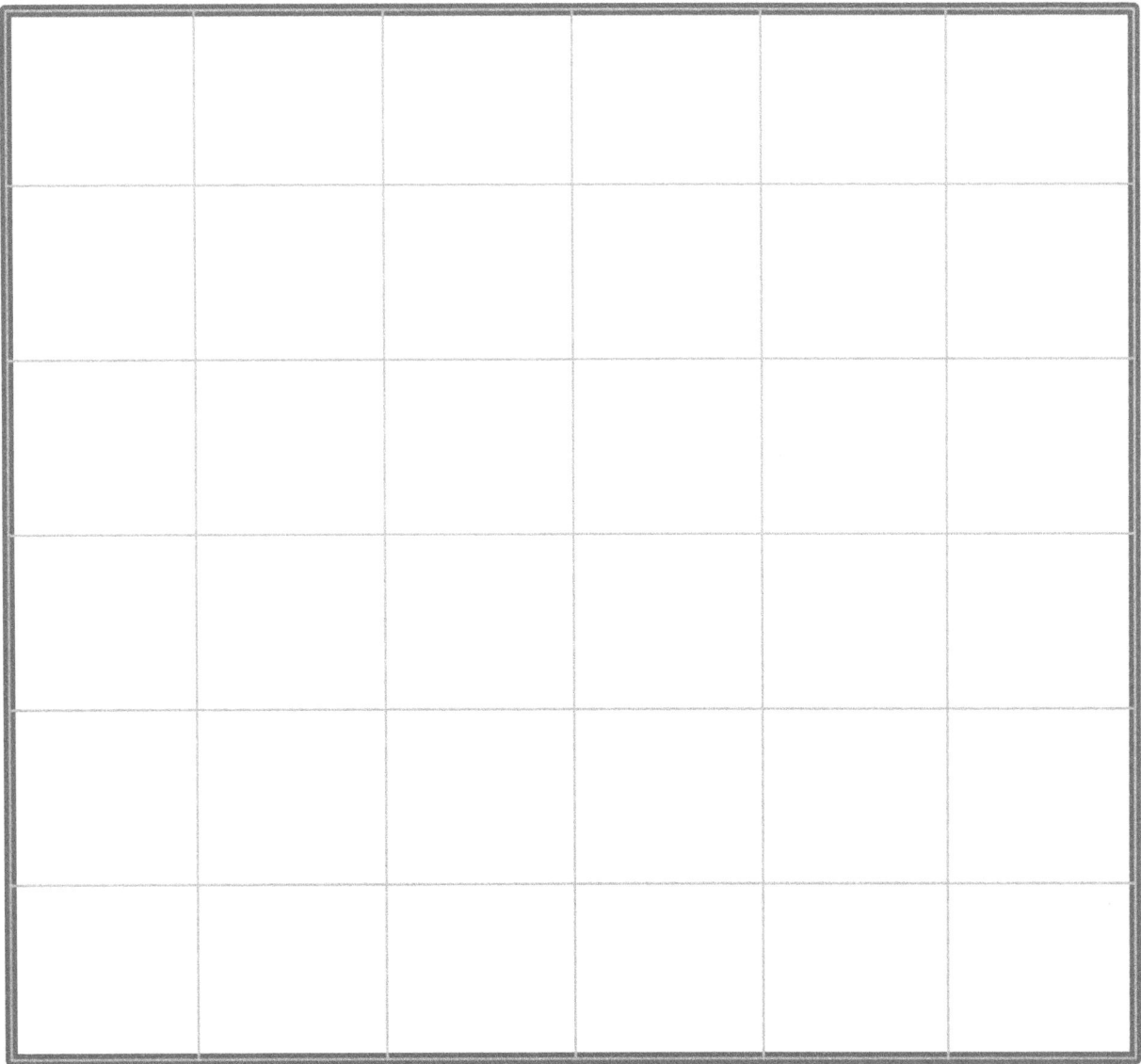

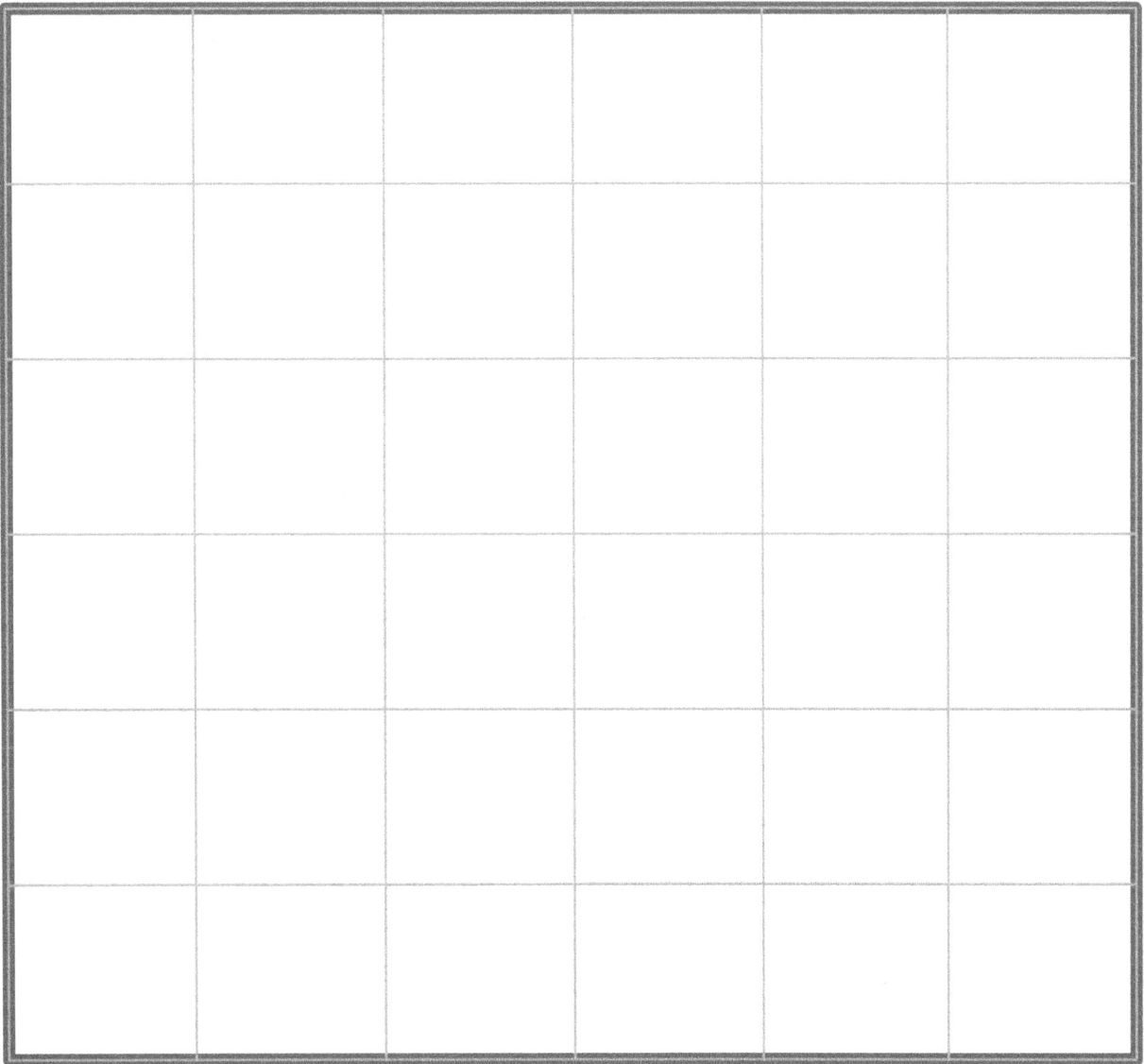

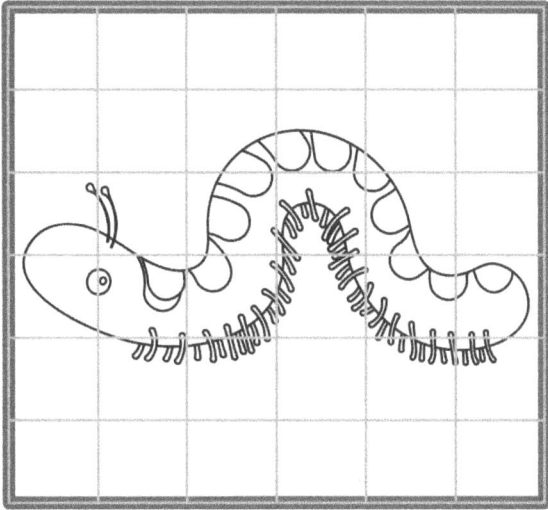

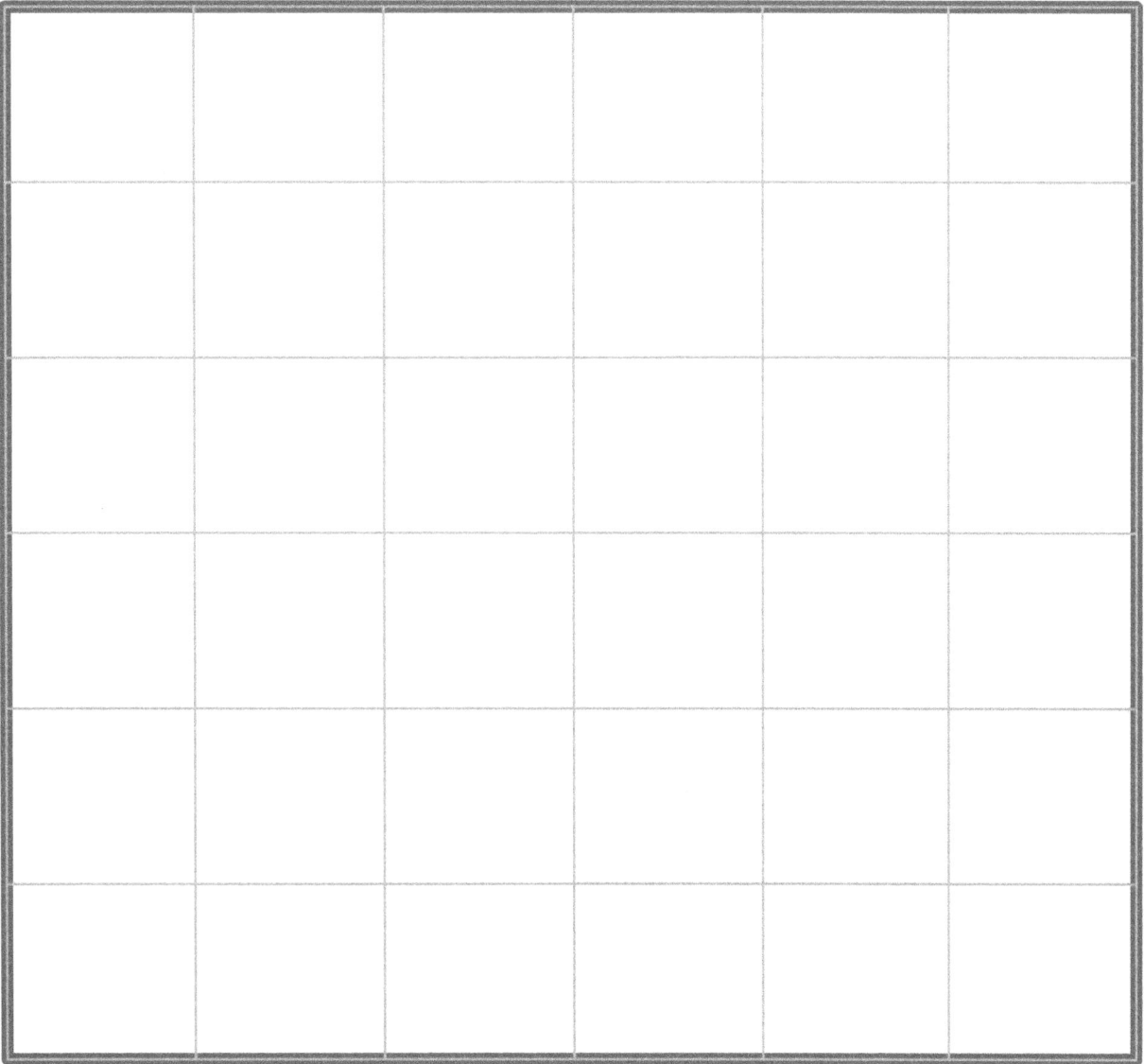

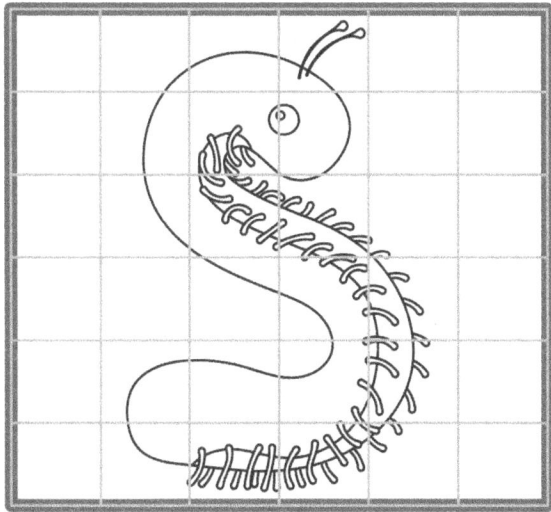

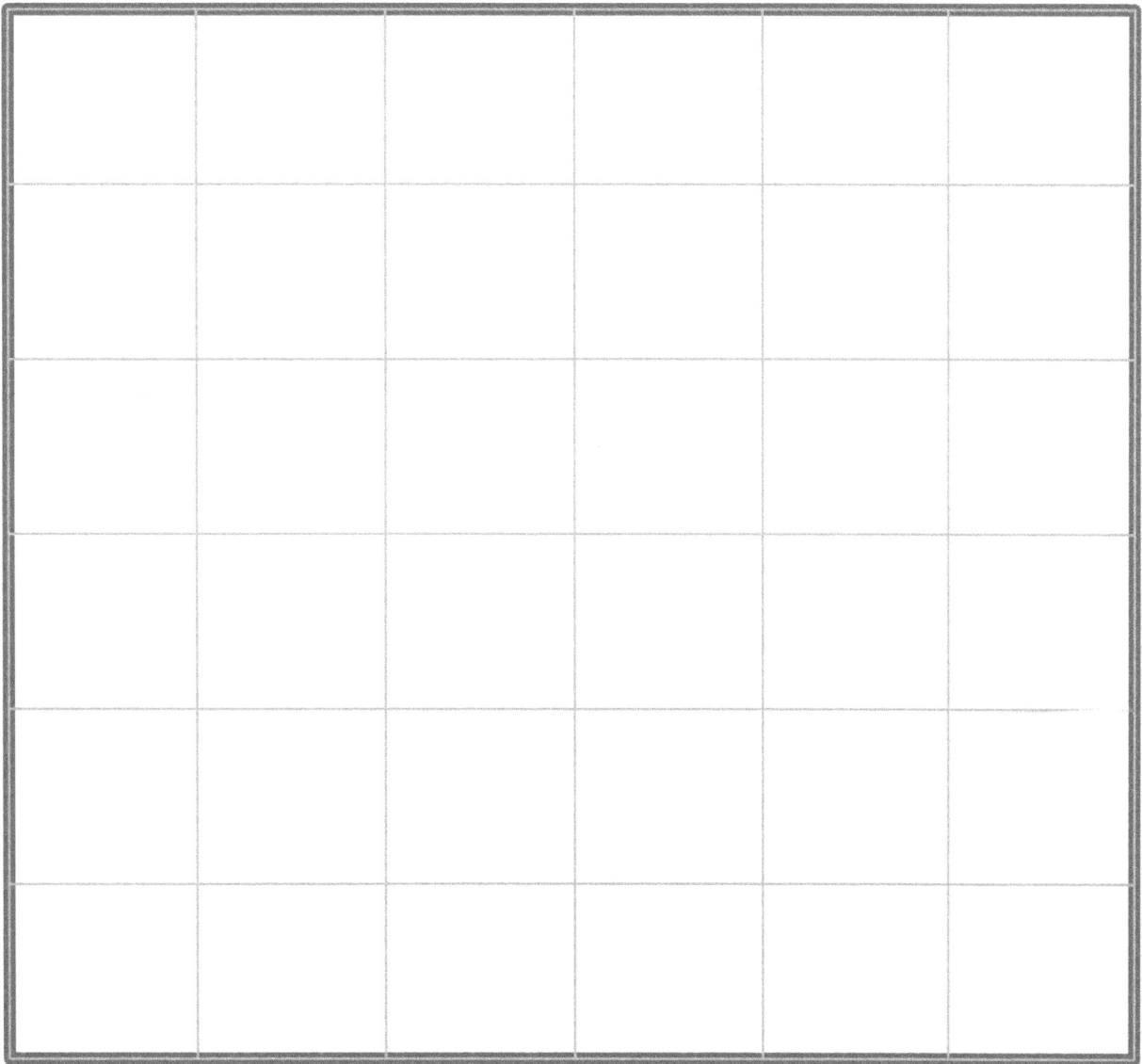

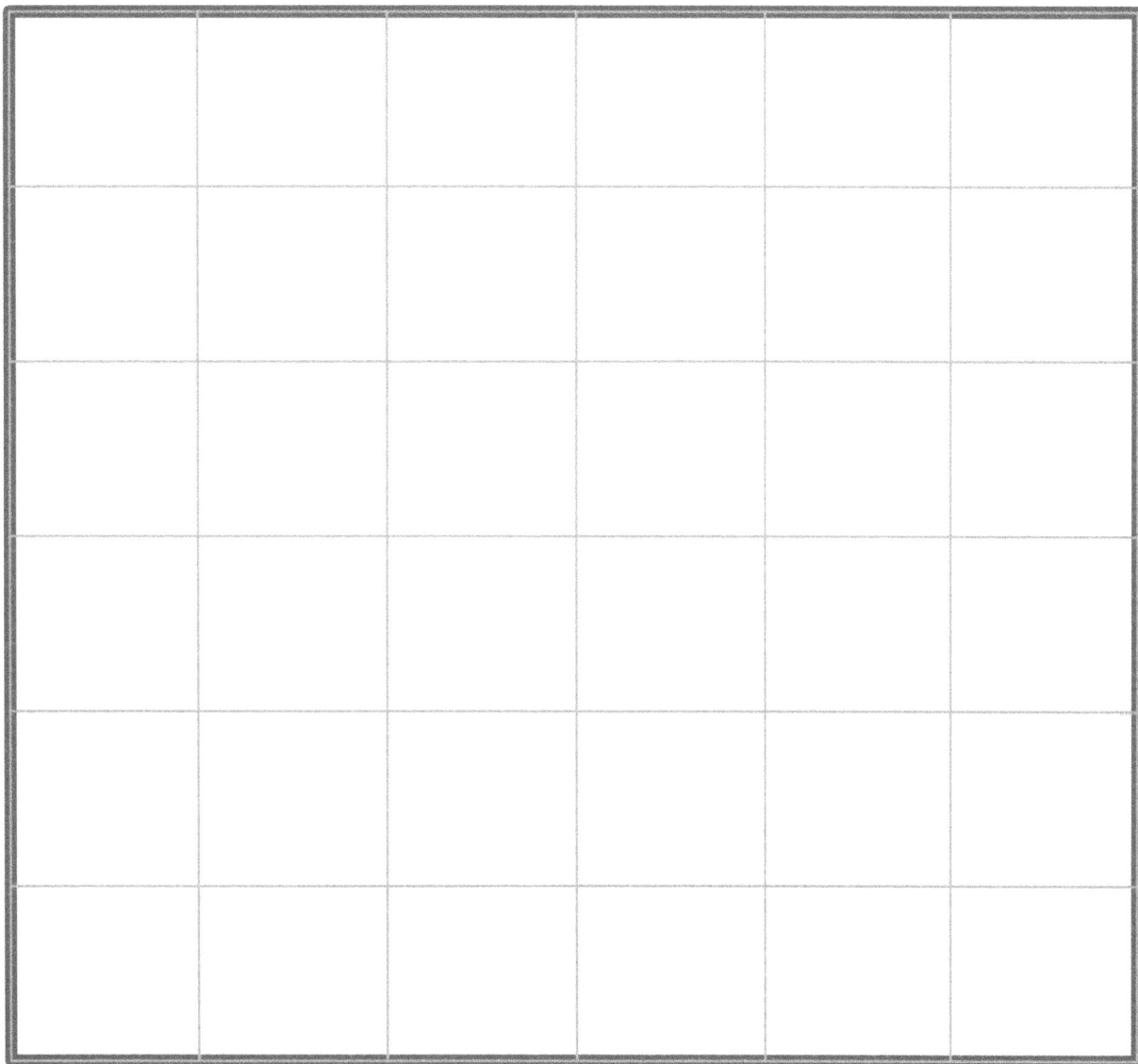

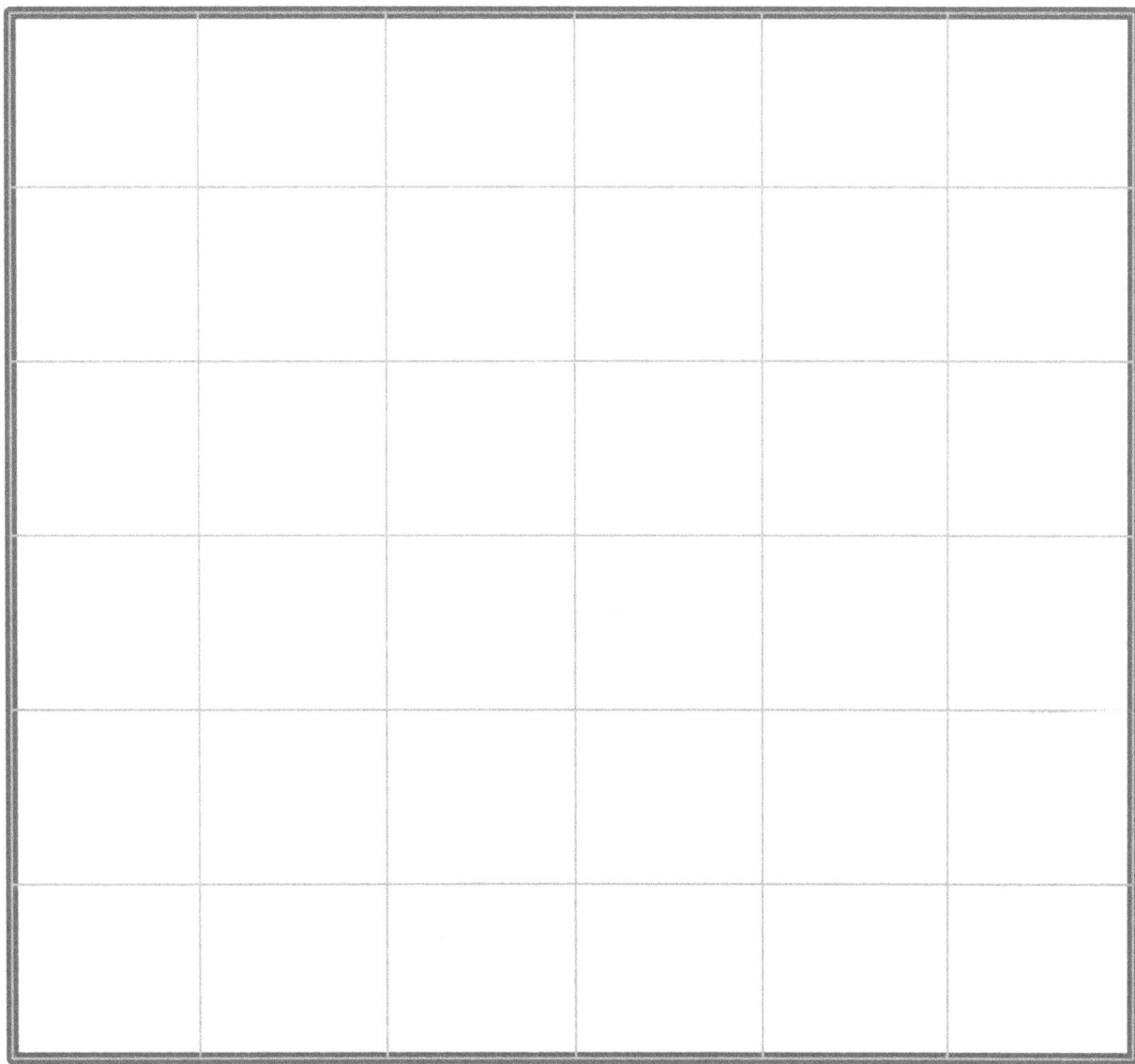

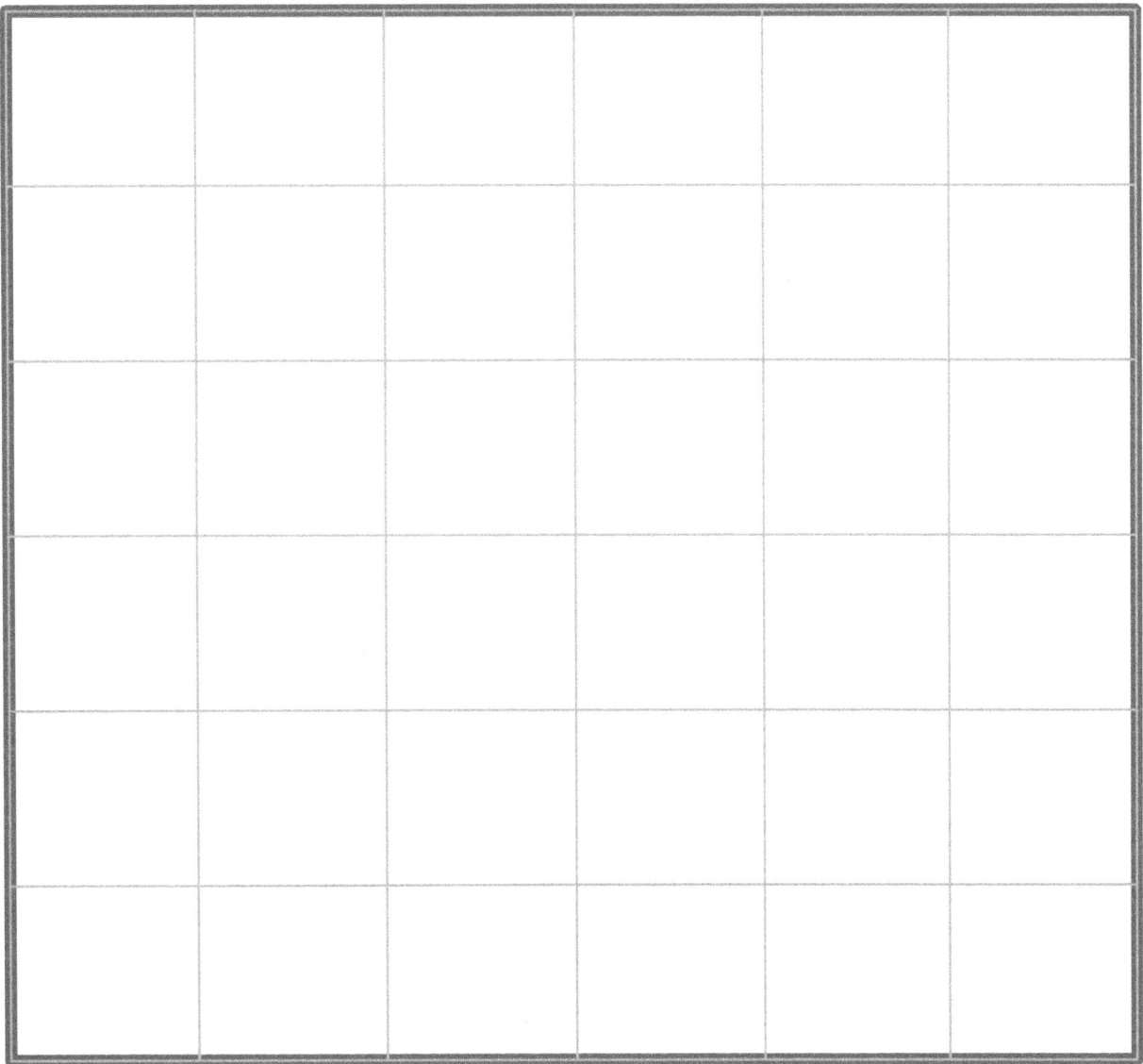

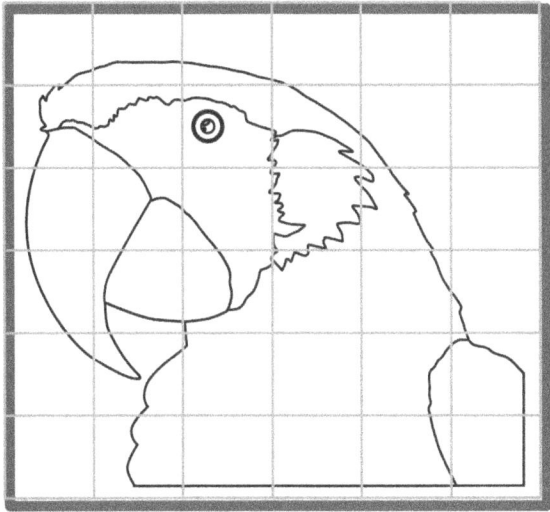

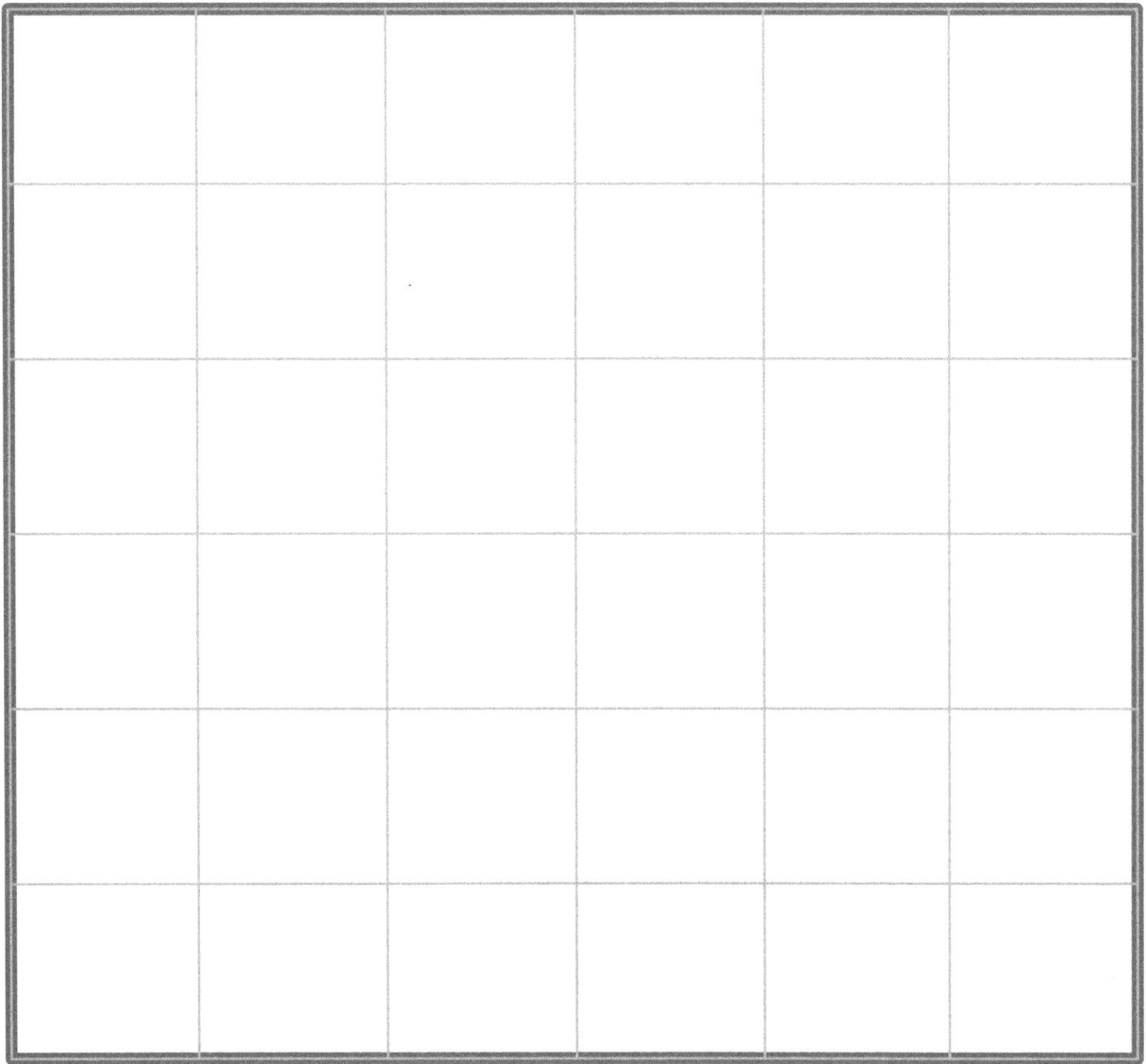

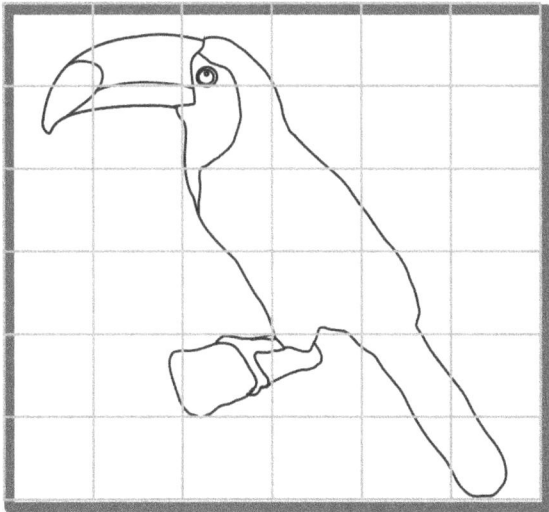

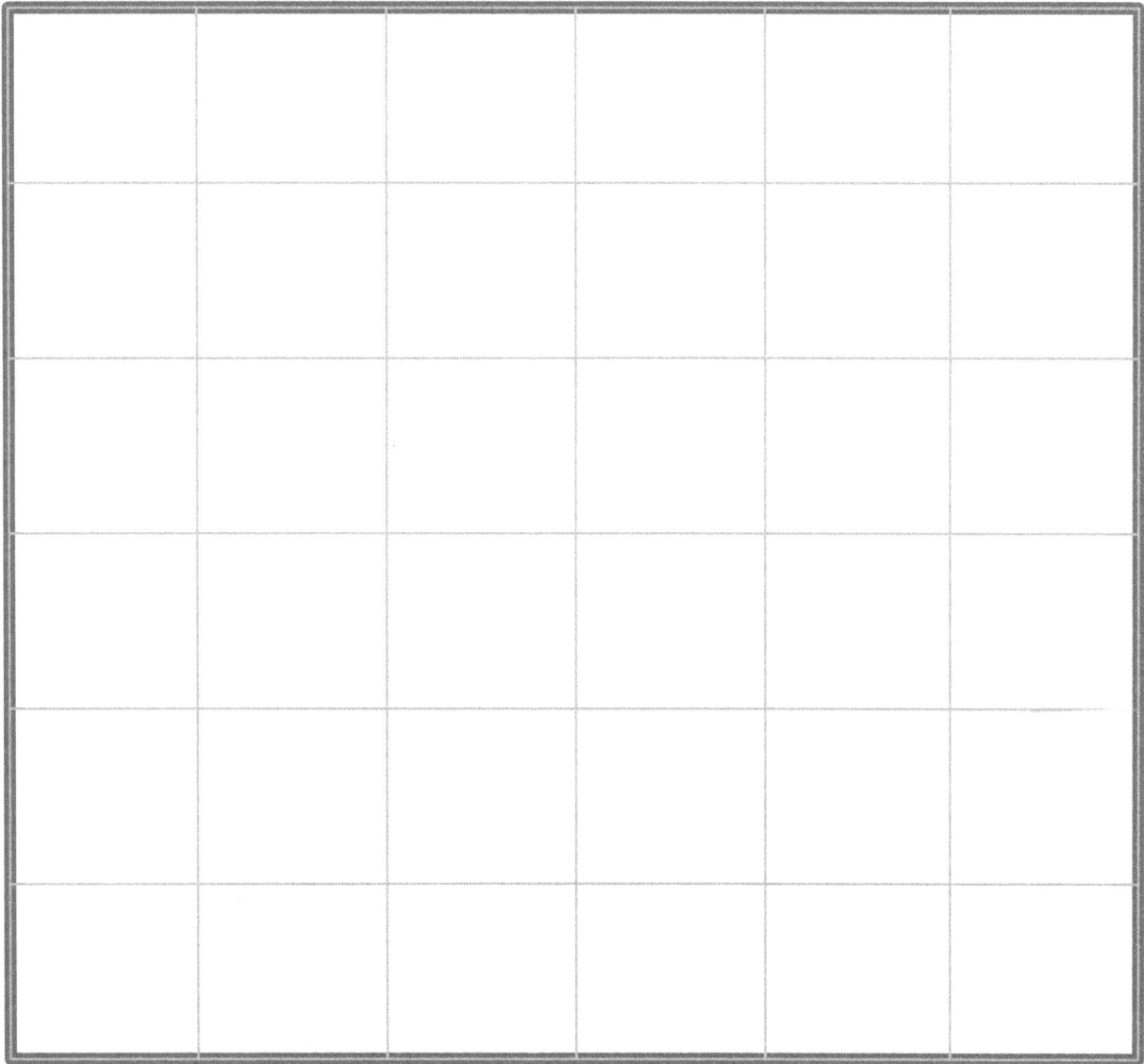

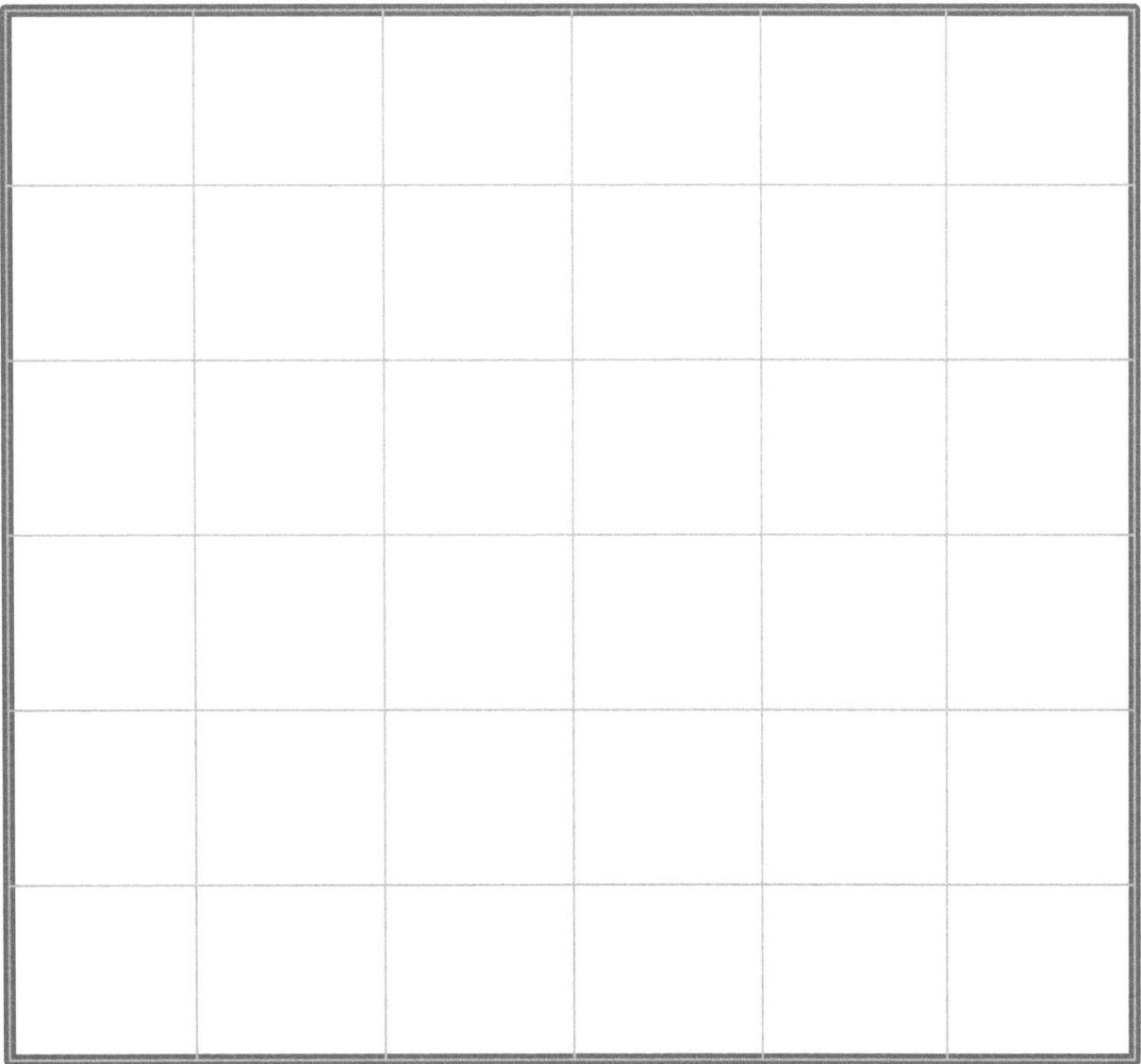

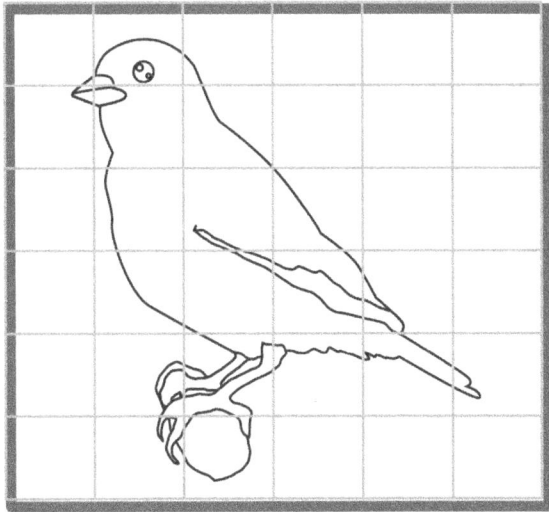

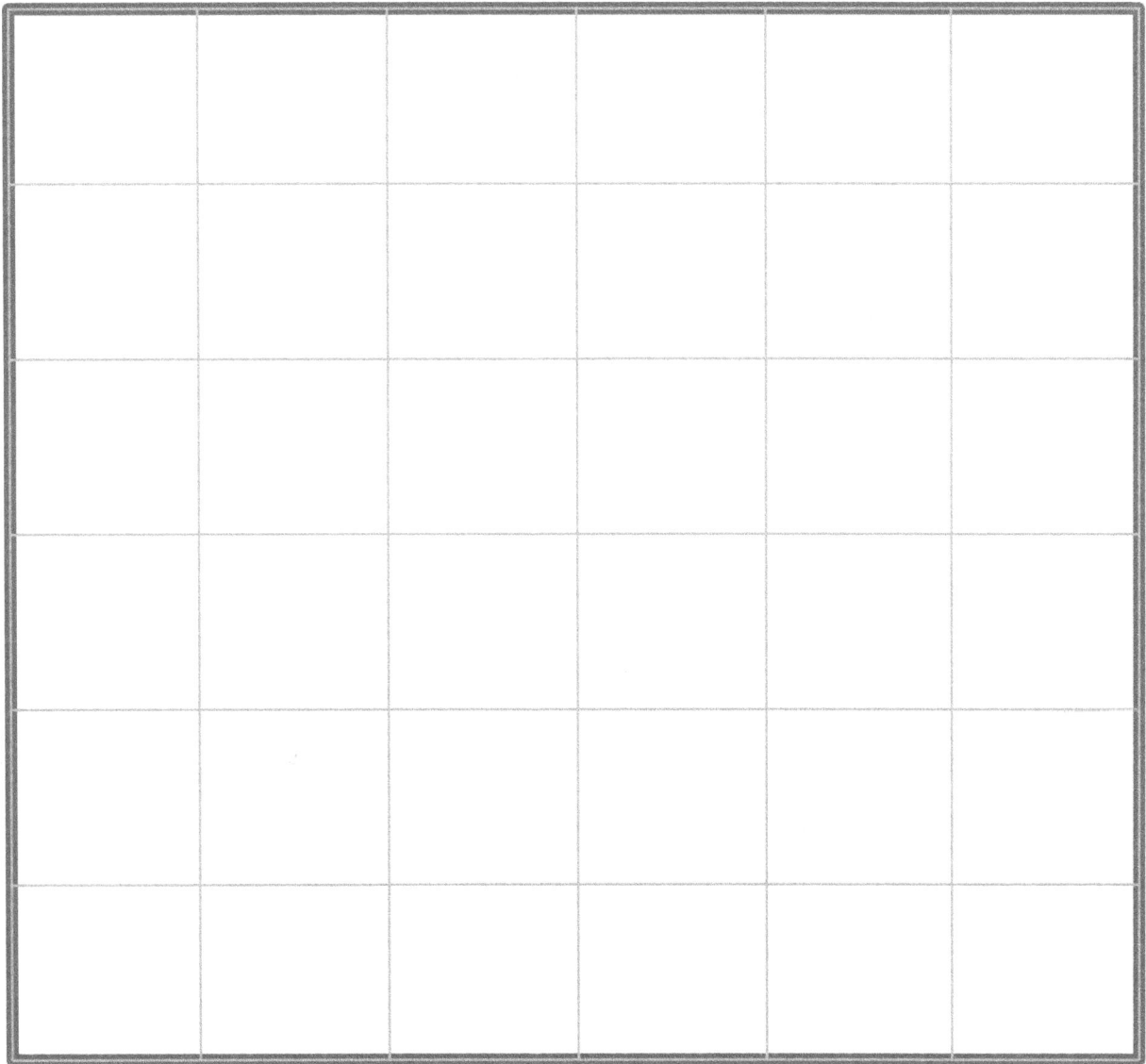

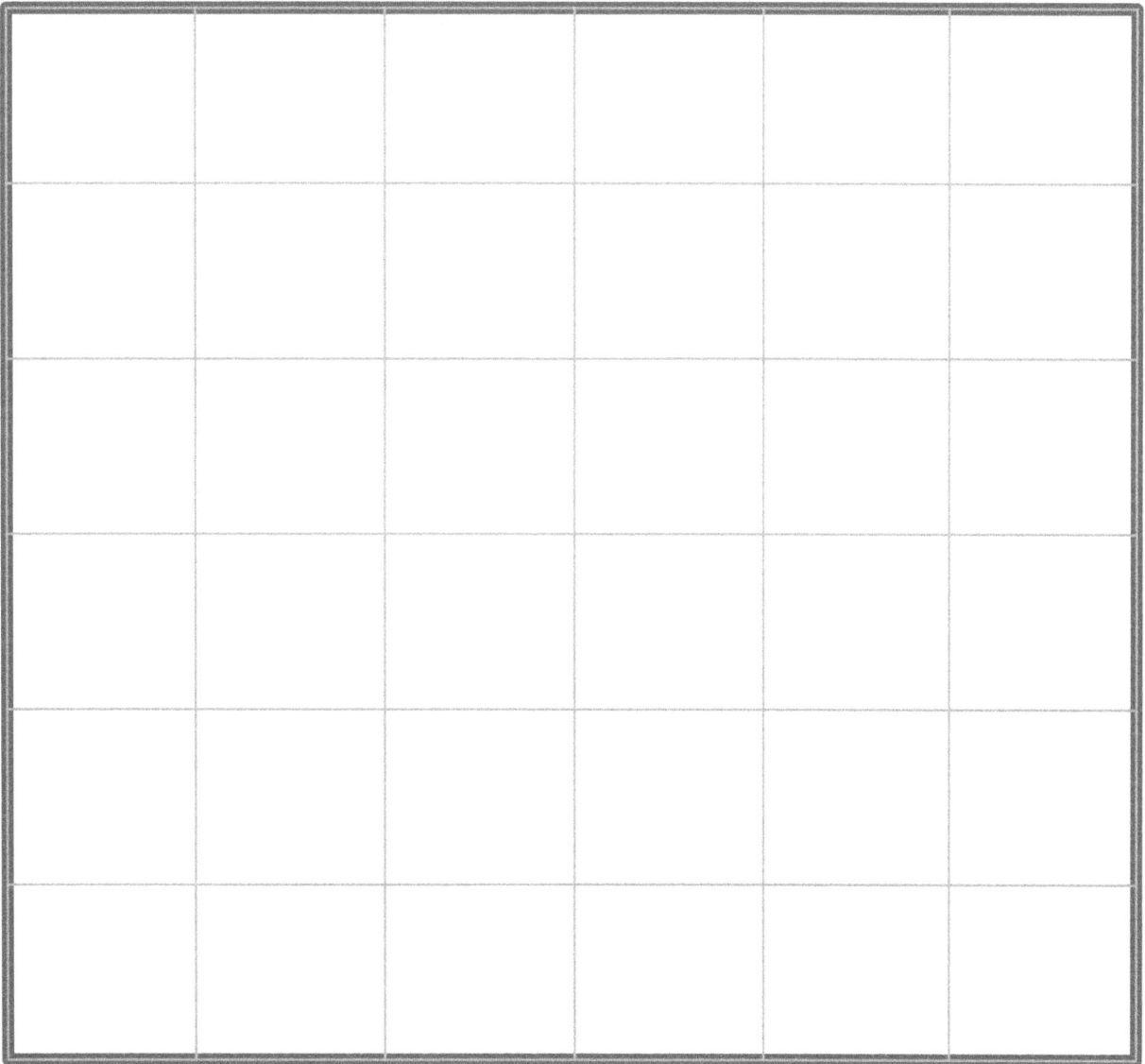

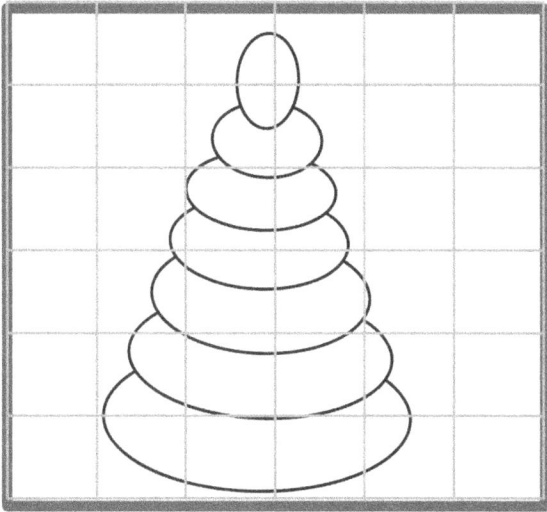

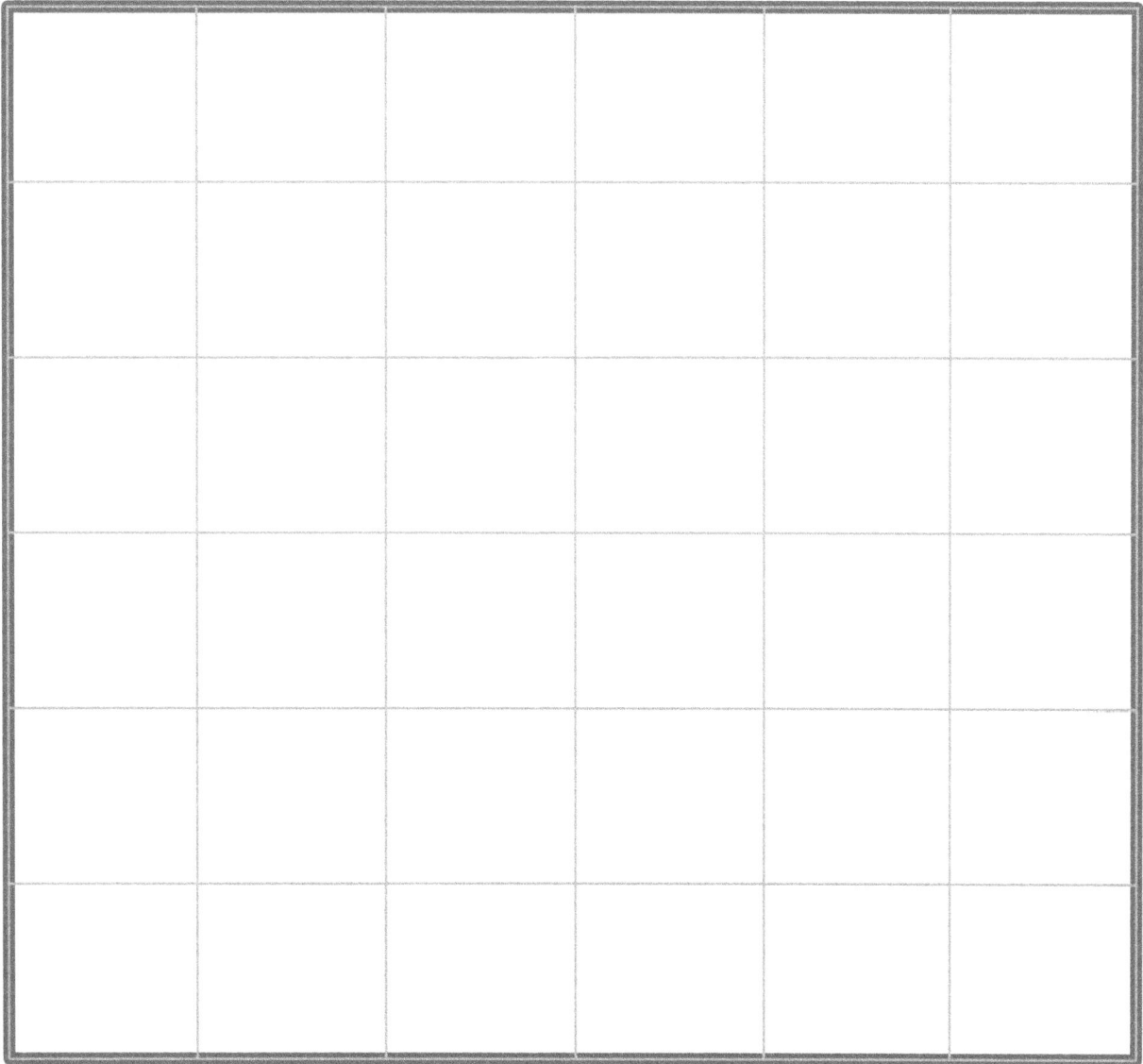

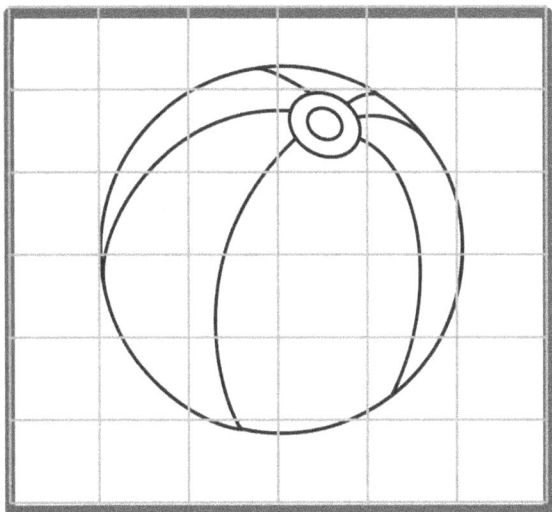

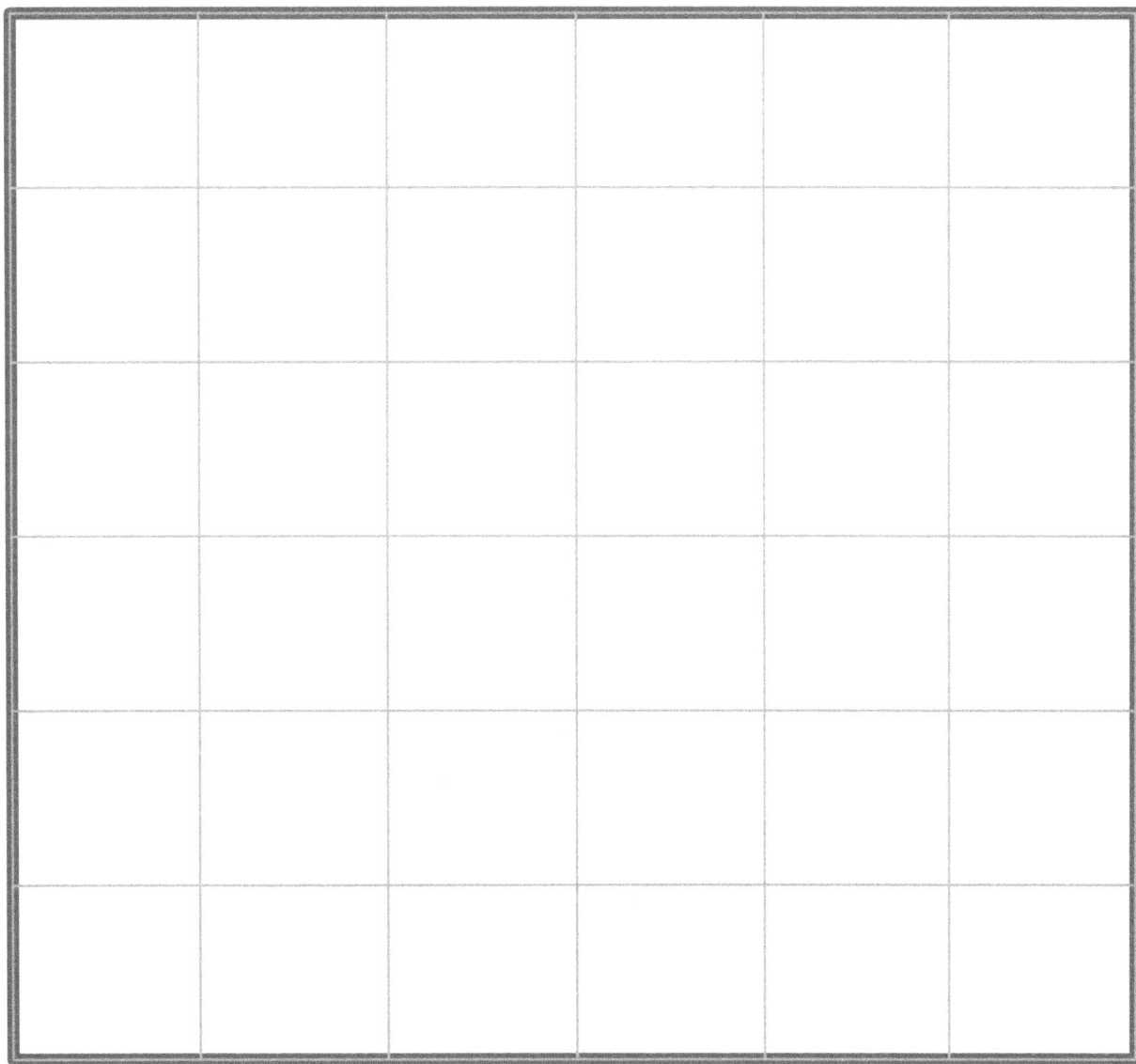

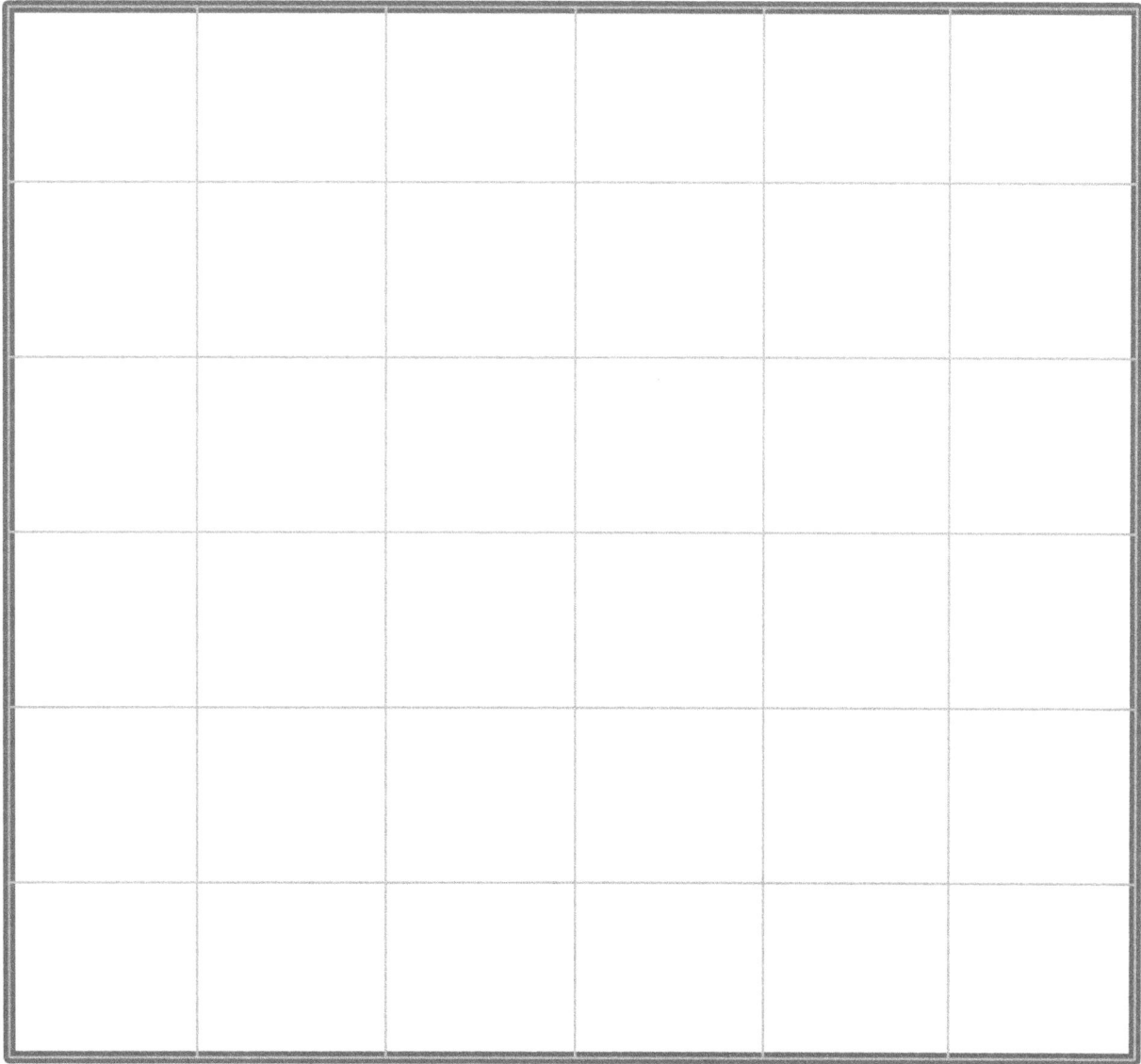

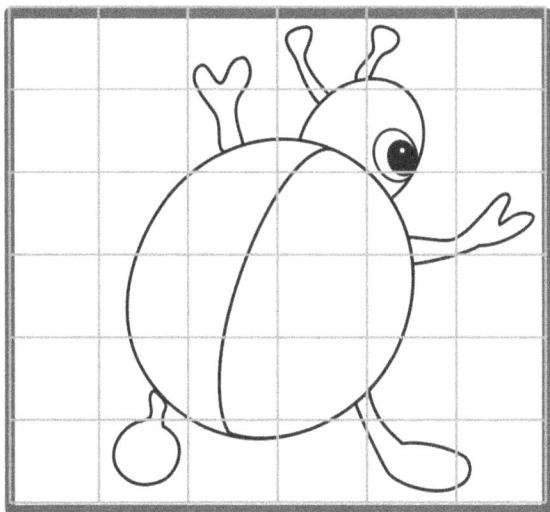

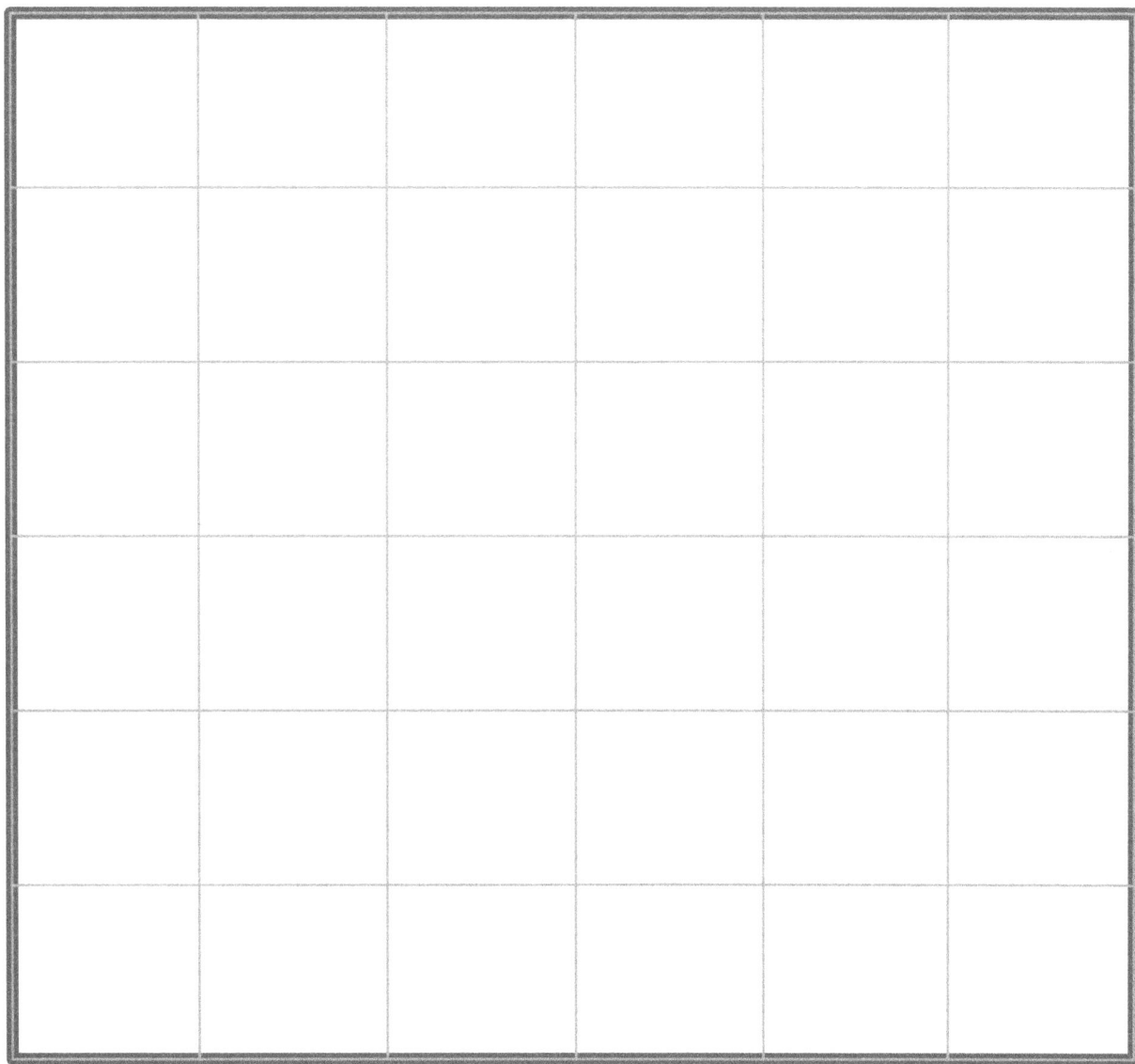

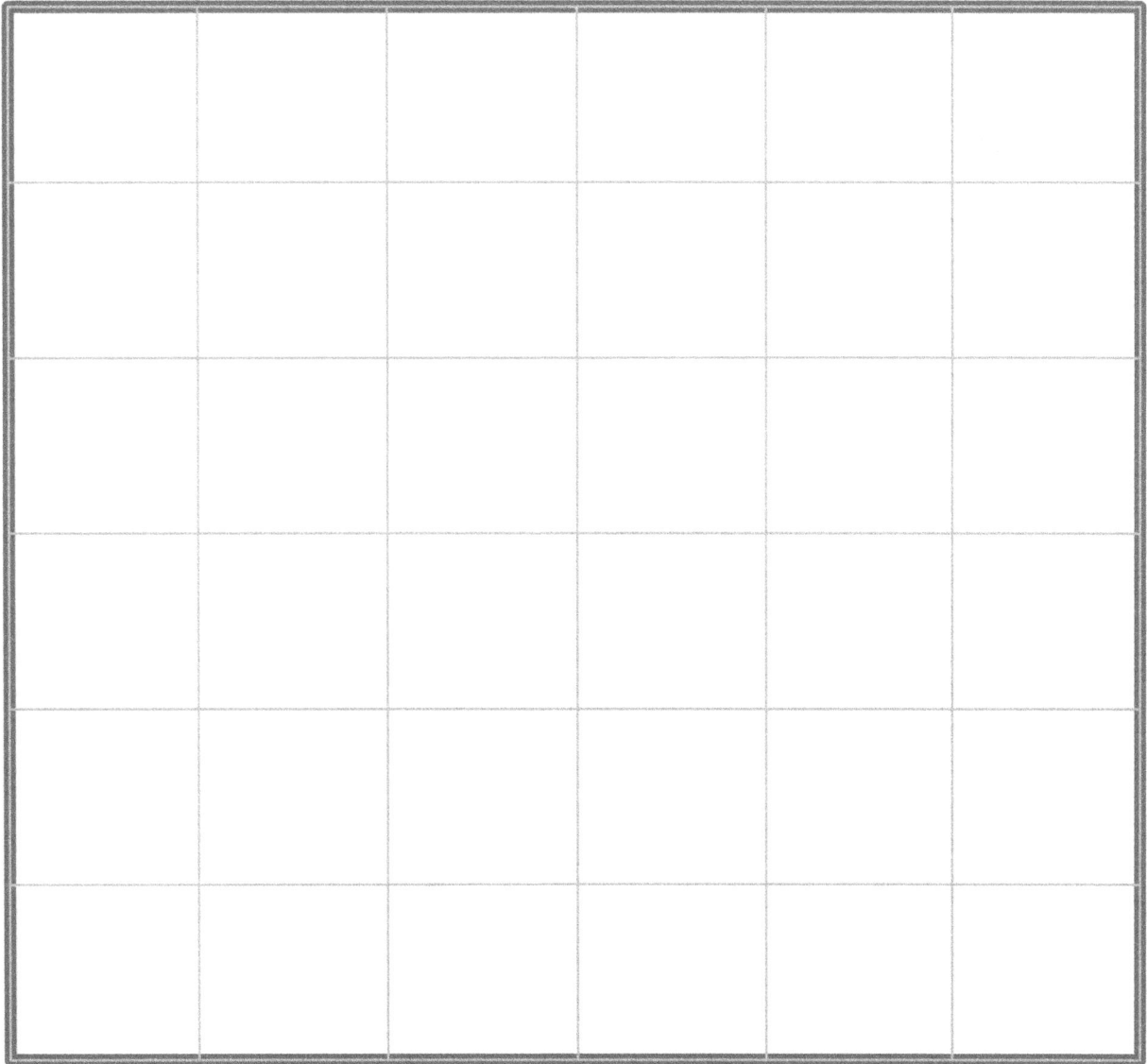

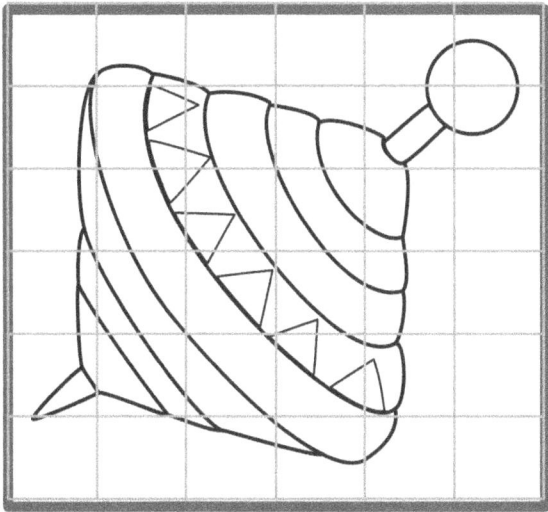

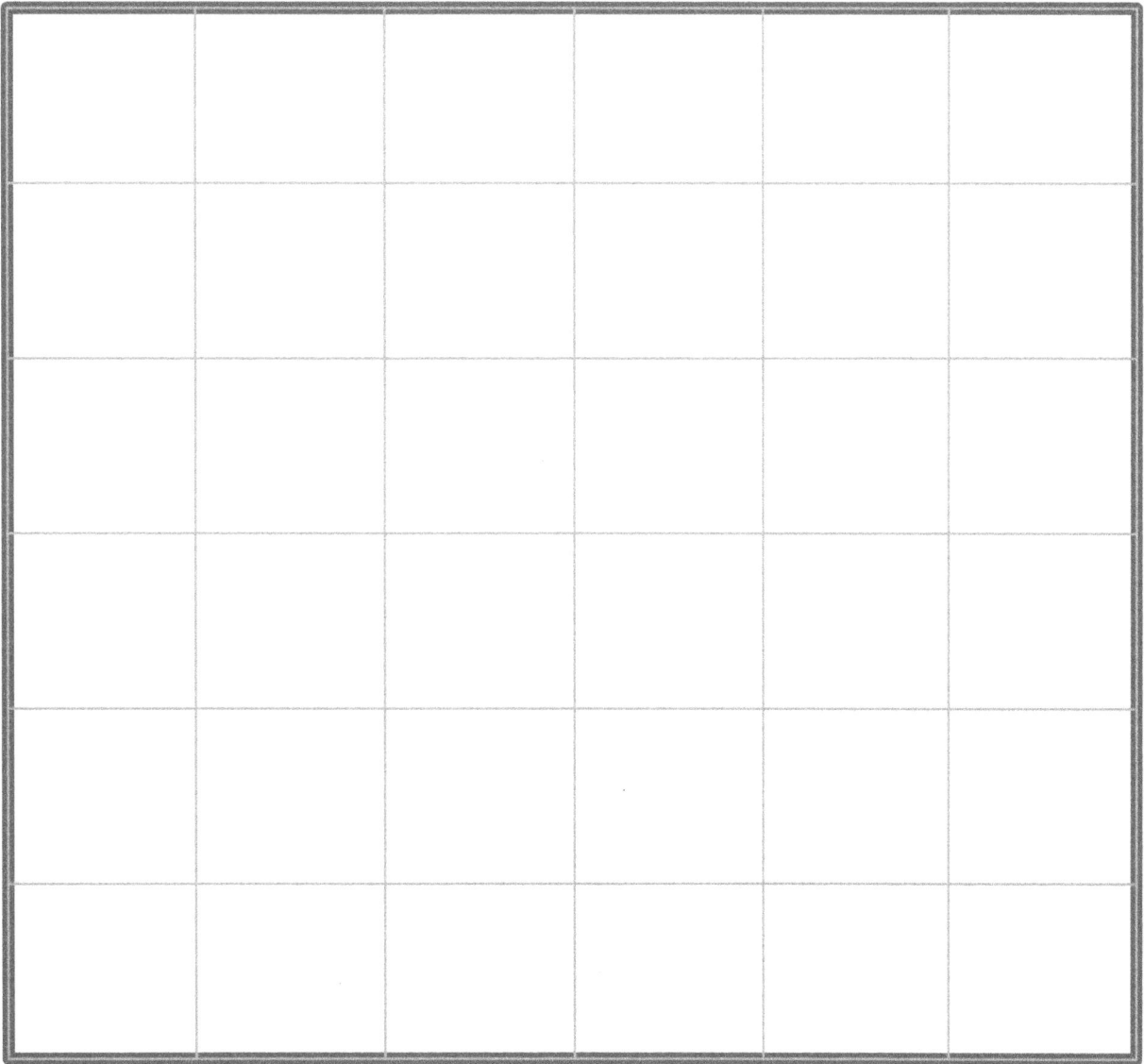

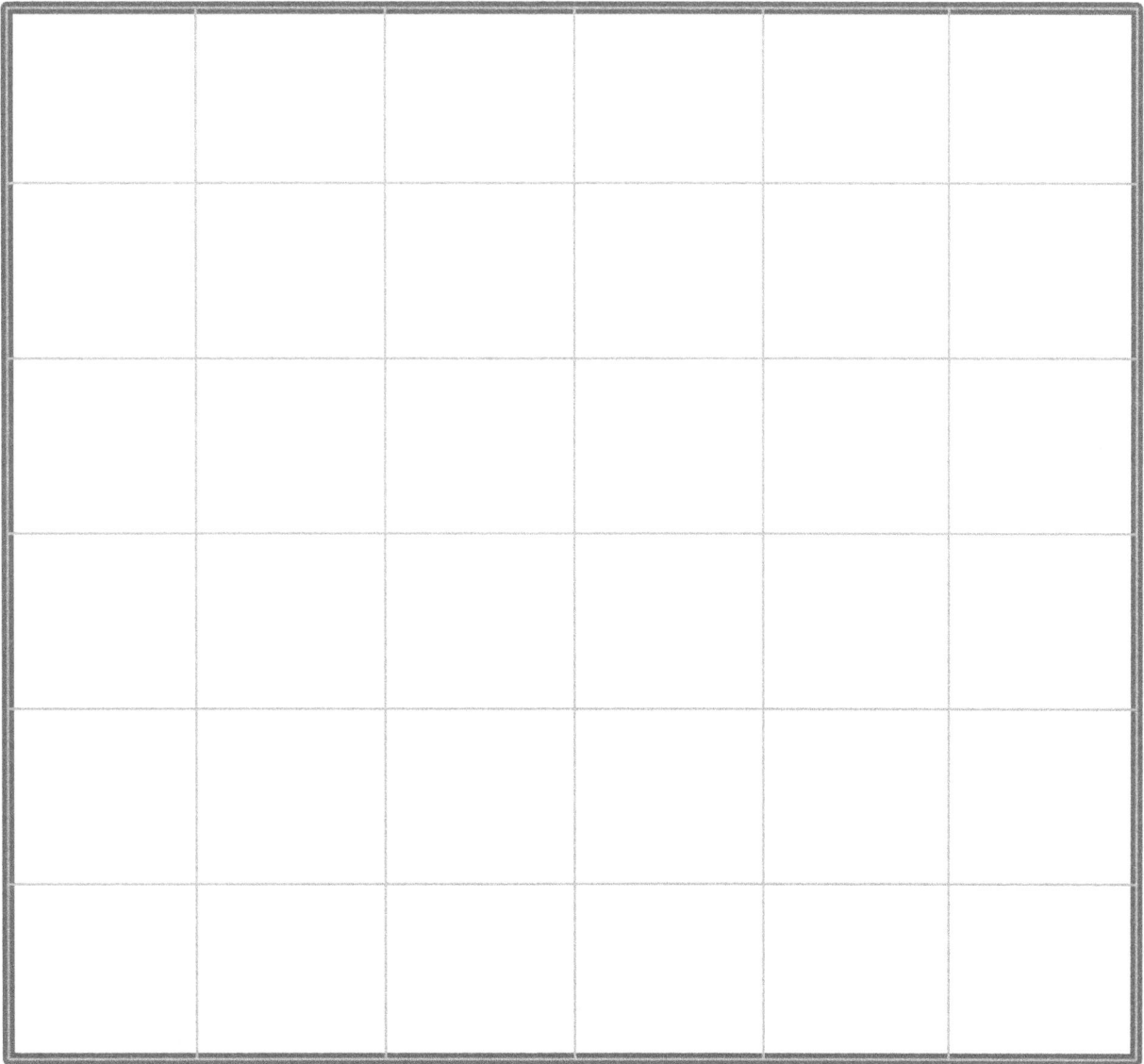

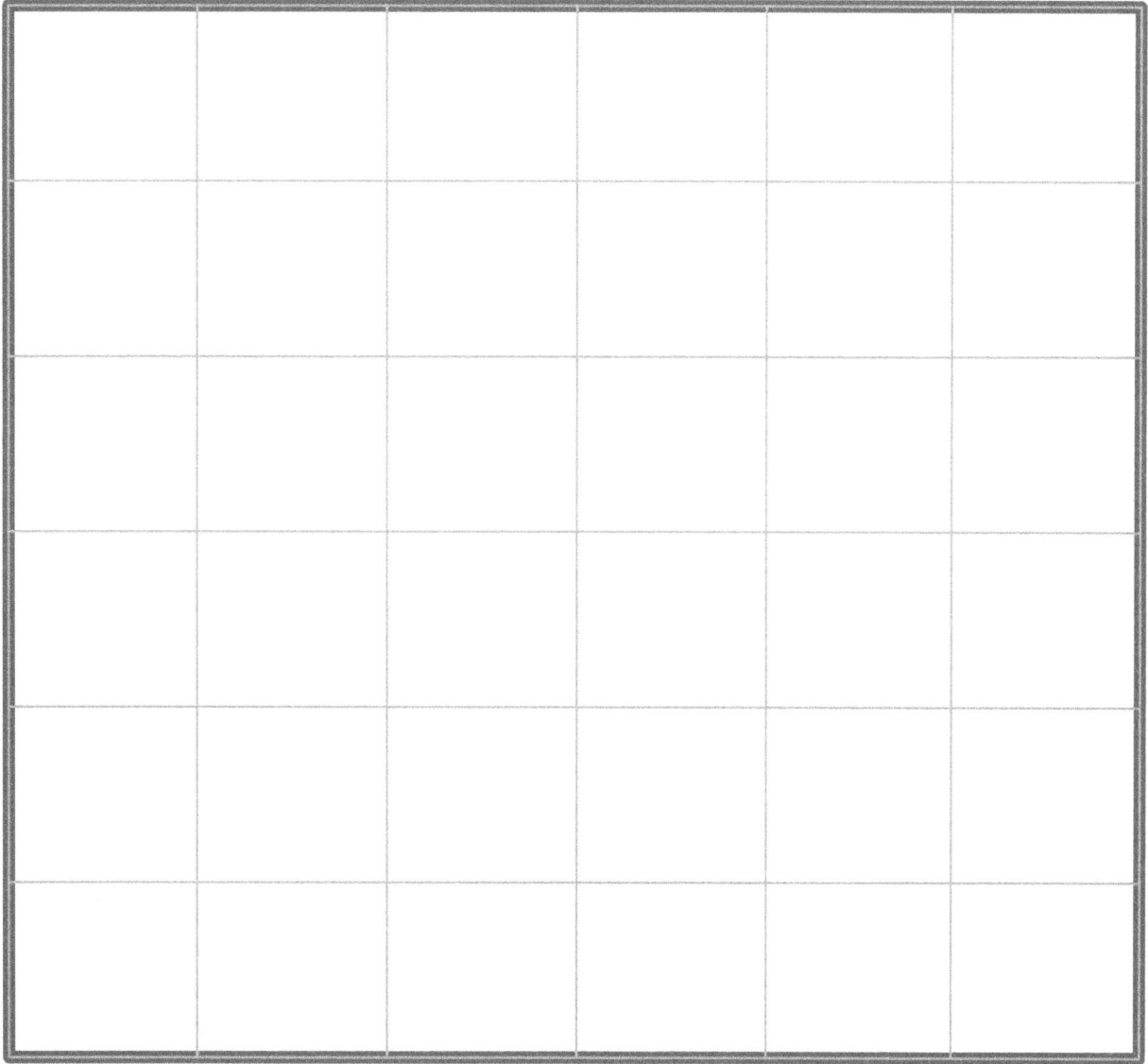

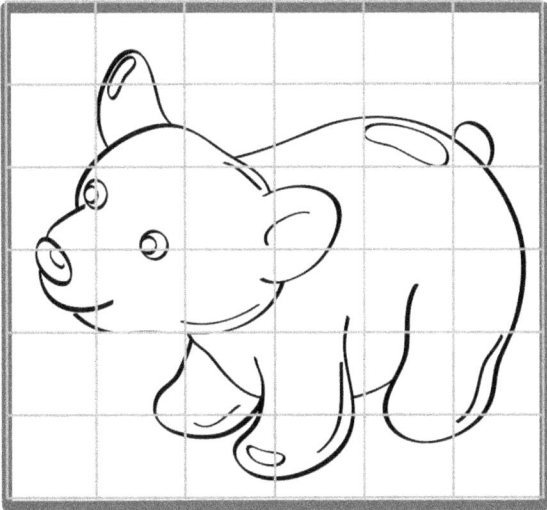

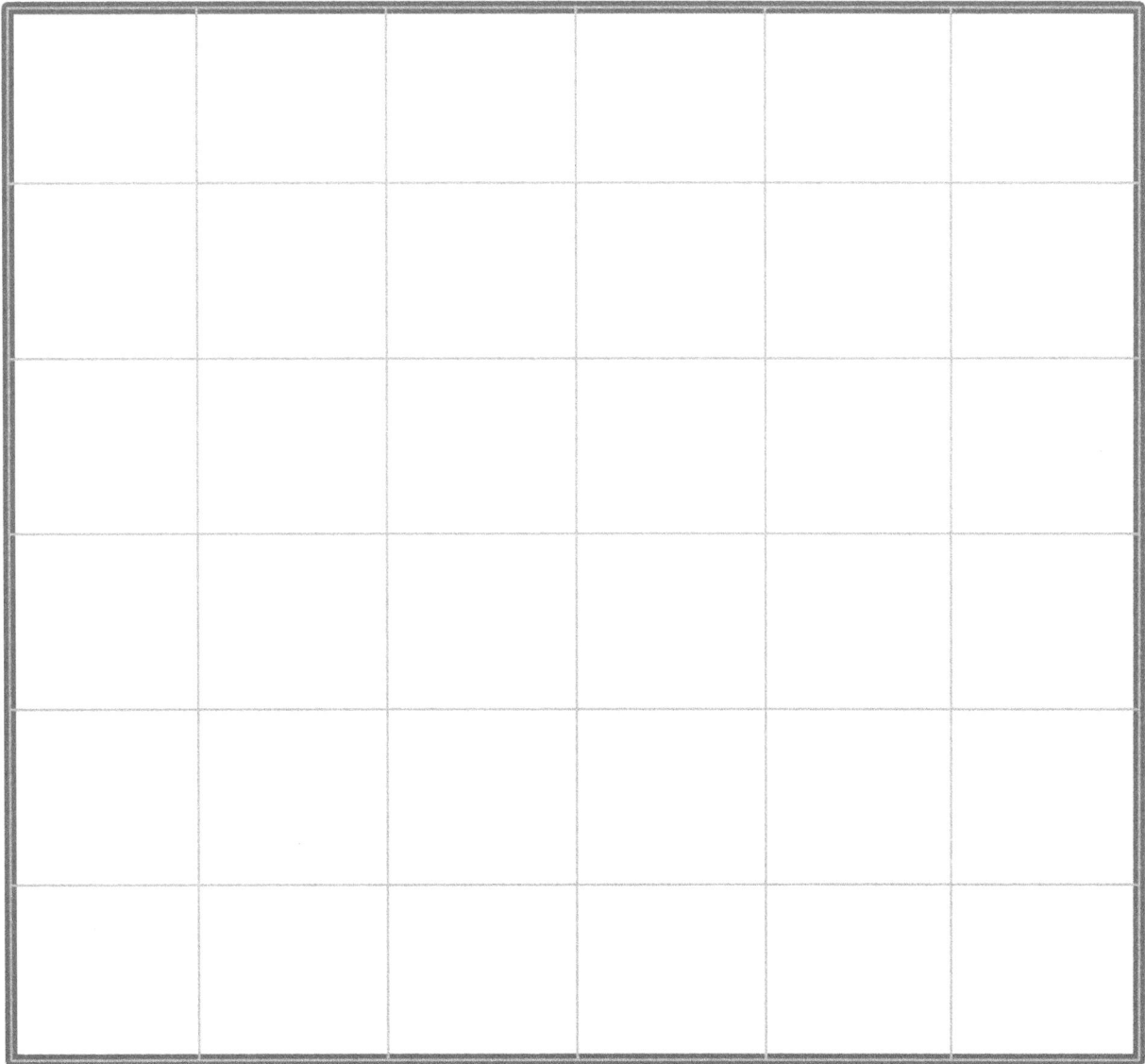

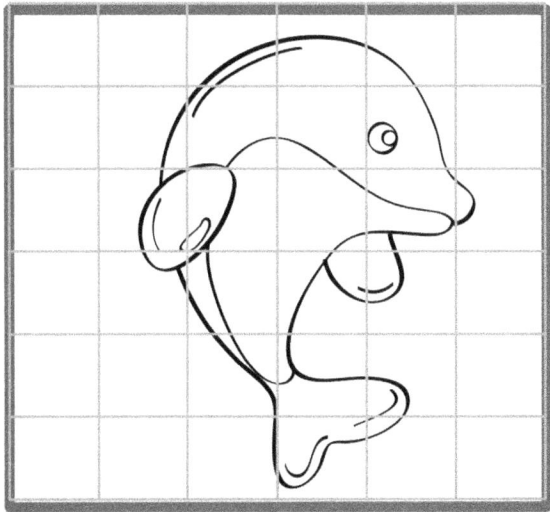

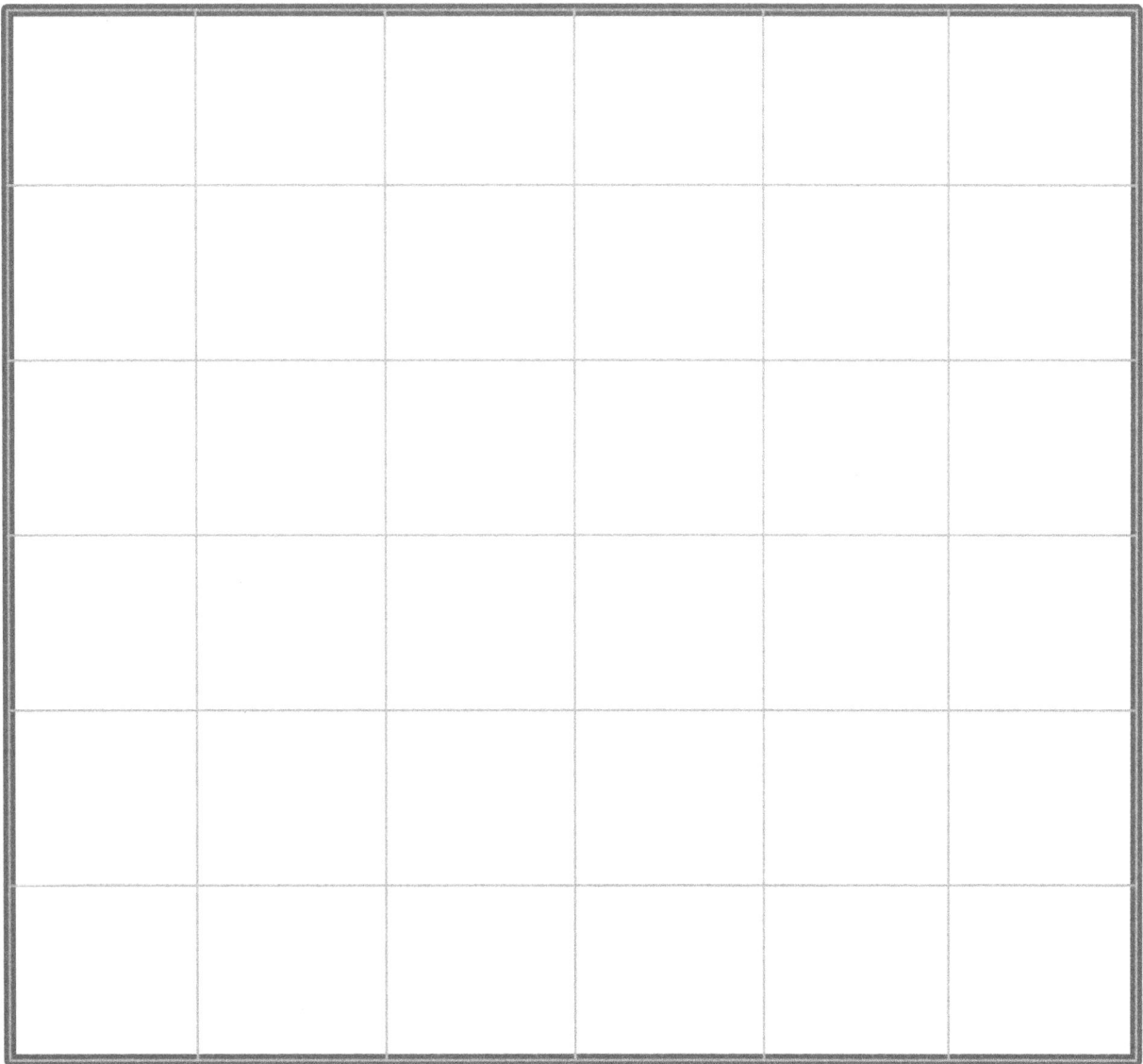

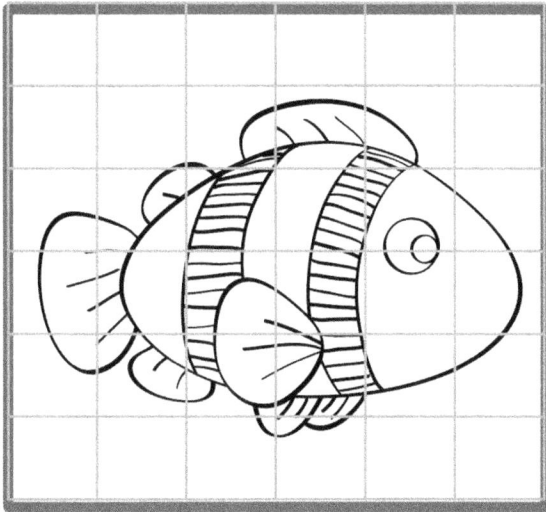

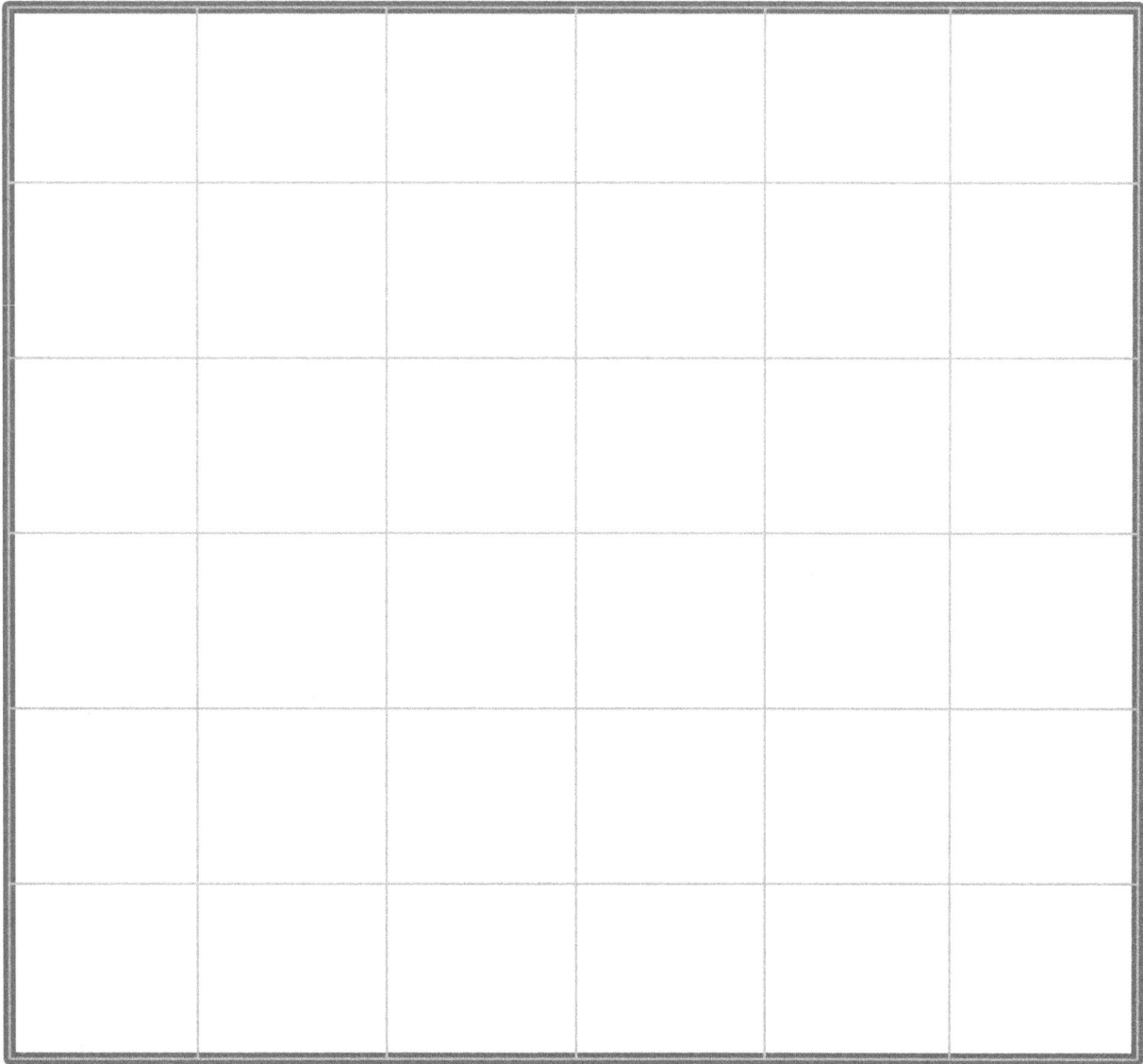

www.ingramcontent.com/pod-product-compliance
Lightning Source LLC
LaVergne TN
LVHW081334060426
835513LV00014B/1287